Olaf Jacobsen

Das freie Aufstellen

Olaf Jacobsen

DAS FREIE AUFSTELLEN

Gruppendynamik als
Spiegel der Seele

Eine Einführung in eine freie Form
der Systemischen Aufstellungen

Olaf Jacobsen Verlag

Die in diesem Buch beschriebenen Methoden sollen ärztlichen Rat und medizinische Behandlung nicht ersetzen.
Die vorgestellten Informationen und Anleitungen sind sorgfältig recherchiert und werden nach bestem Wissen und Gewissen weitergegeben. Autor und Verlag übernehmen keinerlei Haftung für Schäden irgendeiner Art, die direkt oder indirekt aus der Anwendung oder Verwertung der Angaben in diesem Buch entstehen. Die Informationen in diesem Buch sind zur eigenen, persönlichen Weiterbildung gedacht.

Wie wird hier geschlechtergerecht formuliert?
Wird eine Bezeichnung in der Mehrzahl benötigt, dann wird das Binnen-I verwendet (Bsp.: „TeilnehmerInnen"). Bei Bezeichnungen in der Einzahl wird unregelmäßig zwischen weiblich und männlich abgewechselt.

Bibliografische Information der Deutschen Nationalbibliothek:
Die Deutsche Nationalbibliothek verzeichnet diese Publikation
in der Deutschen Nationalbibliografie; detaillierte bibliografische
Daten sind im Internet über http://dnb.d-nb.de abrufbar

1. Fassung September 2003
2. Fassung September 2004
3. Fassung April 2013
überarbeitete Neuauflage 2021

© 2003 Olaf Jacobsen Verlag, Theodor-Rehbock-Str. 7, 76131 Karlsruhe, www.olaf-jacobsen-verlag.de

Cover-Foto: Tim Hill, pixabay.com, tree-2916763 abgerufen am 10.2.2019

Druck und Bindung: CPI books GmbH, Leck

ISBN 978-3-936116-61-8

Inhalt

Zum Geleit

„Unerforschlich einbegriffen leben wir in der strömenden All-Gegenseitigkeit."

Diesen Satz schrieb der Religionsphilosoph Martin Buber 1923. Angesichts der über ein halbes Jahrhundert später von Bert Hellinger initiierten „Familienaufstellungen" ist dieser Gedanke geradezu prophetisch. Doch im Grunde handelt es sich dabei um ein Wissen, mit dem die Menschheit mehr oder weniger unreflektiert seit Anbeginn lebt. Jenseits gelehrter Philosophie und Psychologie greift Olaf Jacobsen dieses Thema wieder auf. Mit kritischem Blick für das Wesentliche und unter Einsatz seiner ganzen Persönlichkeit entwickelt er das Prinzip solcher Aufstellungen weiter und eröffnet so ganz neue Aspekte. Die anderen werden zum Spiegel, in dem wir uns selbst „wahr"-nehmen können.

Im Vordergrund der von Jacobsen selbst praktizierten Aufstellungen steht nicht die Absicht, schnelle Heilung vorzuweisen, sondern zunächst einmal die, der Selbsterkenntnis auf die Sprünge zu helfen, denn sie ist die Voraussetzung jeder seelischen Gesundung. Auch dies ist ein menschheitsalter Gedanke. Mit ihm wurden die Pilger am Heiligtum in Delphi begrüßt: „Erkenne dich selbst!"

Die Art und Weise, wie Olaf Jacobsen seine persönlichen Beobachtungen und für das Gebiet der Aufstellungen revolutionären Erkenntnisse in diesem Buch darstellt, ist schon ein Beispiel, was so ein Spiegel bewirken kann.

Dr. jur. Frieder Lauxmann   Karlsruhe, den 19. September 2003

Wie wird hier geschlechtergerecht formuliert?

Wird eine Bezeichnung in der Mehrzahl benötigt, dann wird das Binnen-I verwendet (Bsp.: „TeilnehmerInnen"). Bei Bezeichnungen in der Einzahl wird unregelmäßig zwischen weiblich und männlich abgewechselt.

Dank

Ich hatte das Glück, dass sich viele TeilnehmerInnen meiner Workshops bereit erklärt haben, mein Manuskript zu lesen. Jeder hat sich auf seine Weise damit auseinandergesetzt. So stand mir ein breites Spektrum an Rückmeldungen zur Verfügung, für die ich sehr dankbar bin. Besonders intensiv haben sich Carmen Büge, Martina Fieger und Monika Anna Mößner in tage- und nächtelanger Arbeit mit dem Text beschäftigt. Ich schreibe oft spontan, mehr im Jargon, und so habe ich von ihnen gelernt, wie man viele Formulierungen „reifer" und übersichtlicher verfassen kann.

Des Weiteren danke ich Dr. Frieder Lauxmann, Christiane Hecker, Sabine Hessel, Rüdiger Schäfer, Ursula ,Yshouk' Kirsch, Ingrid Merk, Angelika Escher, Astrid Gruter, Petra Sofsky, Maria Sohr, Bert Hellinger, Elfriede Jacobsen, Roswitha Thrä, Sandra Biermann, Jacqueline Schwindt, Beate Schäufele, Petra Flach, Waltraud Cichon, Doris Gallenbeck, Stephanie Elser, Ruprecht Harald Schätzle und Michael Dreusicke. Jeder hat einen Teil zu dieser nun vorliegenden Fassung beigetragen.

Ich danke auch all jenen, die sich mit mir über heikle Themen der Aufstellungsarbeit auseinandergesetzt haben. Durch sie fand ich zu meiner inneren Haltung, mit der ich dieses Buch nun veröffentlichen kann.

Olaf Jacobsen   Karlsruhe, im September 2003

Vorwort zur 2. Fassung

Nachdem ich nun ein Jahr lang weitere Erfahrungen mit dem Freien Aufstellen sammeln konnte, habe ich meine Erkenntnisse und neuen Sichtweisen integriert und eine zweite Fassung erstellt.

Für mich hat sich beim Überarbeiten herausgestellt, dass vieles über Veränderungen hinaus Bestand hat und sich ausgezeichnet bewährt. Manches konnte ich verfeinern oder weiterentwickeln.

Sowohl bei meinen Workshops mit dem Freien Aufstellen als auch bei der Überarbeitung dieses Buches bestätigt sich mir immer wieder die Kraft und Wirksamkeit der Autonomie eines Menschen.

Olaf Jacobsen   Karlsruhe, im August 2004

Vorwort zur 3. Fassung

Das Freie Aufstellen hat im letzten Jahr (2012) einen großen Schritt in Richtung einer breiten Öffentlichkeit vollzogen – durch die Veröffentlichung des Grundlagenbuches für Freies Aufstellen „Das fühlt sich richtig gut an!" im Kamphausen Verlag.

Dies nahm ich zum Anlass, das allererste Buch über Freies Aufstellen vollständig zu aktualisieren. Auch dieses Mal hat sich inhaltlich nichts Wesentliches verändert. Das Phänomen „Freies Aufstellen" bleibt immer aktuell. Es gibt seit 2004 nur kleine Veränderungen, die in die Richtung gehen, die Selbstständigkeit und Autonomie einer aufstellenden Person noch mehr zu unterstützen. Daher betone ich in dieser neuen überarbeiteten Fassung stärker, dass eine aufstellende Person immer die Chefin / der Chef der eigenen Aufstellung bleibt.

Olaf Jacobsen   Karlsruhe, im April 2013

Einleitung

Zur Vorgeschichte

Die Systemischen Aufstellungen üben eine ständig wachsende Anziehungskraft aus. Sie sprießen überall wie Pilze aus dem Boden und sind in den letzten zwanzig Jahren immer bekannter geworden.

Besonders ein Mann hat durch seinen (umstrittenen) Umgang mit dem Familienstellen und durch seine Einsichten dazu beigetragen, dass sich eine stetig wachsende Zahl von Menschen mit Aufstellungen auseinandersetzt: der 2019 verstorbene Anton ‚Suitbert' Hellinger, kurz: Bert Hellinger. Es gibt viele Veröffentlichungen von ihm und über seine Arbeit. Doch nicht nur er, sondern viele andere haben sich beruflich auf das Aufstellen konzentriert.

Einige bieten direkt das „Familienstellen nach Bert Hellinger" an, andere gehen neue Wege und entwickeln weitere attraktive Formen der Systemischen Aufstellungen, z. B. Strukturaufstellungen, Homöopathische Aufstellungen, Drehbuchaufstellungen, Organisationsaufstellungen (für Firmen, Teams, Vorstände, ...) usw. Dabei werden Aufstellungsabläufe, Prozesse und Erfahrungen oft schriftlich oder mit Hilfe von Videos dokumentiert und kommentiert.

In diesem Buch stelle ich eine „freie" Form der Systemischen Aufstellung vor und gehe deshalb davon aus, dass Sie, liebe LeserInnen, Aufstellungen bereits auf irgendeine Weise kennengelernt haben, sei dies durch Ausbildungen, Teilnahme an Seminaren, Workshops, durch Literatur oder Medien. Deshalb lasse ich eine ausführliche Erklärung von traditionellen Aufstellungsformen weg.

Eine grundlegende Einführung für Menschen, die mit Aufstellungen bisher wenig anfangen können, ist in meinem Buch „*Freie Systemaufstellung: Das fühlt sich richtig gut an!*" zu finden.

Wenn ich meine Erfahrungen mit dem Freien Aufstellen zu beschreiben versuche, erlebe ich öfter, dass Personen, die diese Beratungsmethode noch nicht kennen, sie auch kaum nachvollziehen können. Freies Aufstellen lässt sich schwer erklären. Man muss es selbst erleben. Und wenn ich hier über beeindruckende Zusammenhänge und berührende Erfahrungen schreibe, bitte ich jeden, sie immer wieder mit seinen eigenen Erlebnissen zu vergleichen.

Sowohl innerhalb der „Aufstellerszene" als auch in der Öffentlichkeit wird über Aufstellungen oft diskutiert. Auf der einen Seite gibt es viele Begeisterte, die glauben, für sich eine geheimnisvolle Heilmethode entdeckt zu haben, auf der anderen Seite steht eine Vielzahl von Kritikern, die bestimmte Gefahren vermuten. Sie sind der Meinung, dass Menschen in eine emotionale Abhängigkeit geraten könnten, in eine Einschränkung ihrer Autonomie. Demütigungen, Missbrauch und Schädigungen der Psyche sind weitere befürchtete Folgen.

Es tauchen Fragen auf wie z. B.:

„Wer darf Aufstellungen auf welche Weise anbieten und leiten?"

„Welche Rolle spielt die Verantwortung eines Aufstellungsleiters?"

„Wie lässt sich das Phänomen der ‚repräsentierenden Wahrnehmung' erklären und kontrollieren?"

Repräsentierende Wahrnehmung heißt: Für eine Aufstellung werden StellvertreterInnen (auch „RepräsentantInnen" genannt) für z. B. die Familienmitglieder eines Teilnehmers aus einer (Seminar-) Gruppe ausgewählt. Beispielsweise sucht der Teilnehmer einen Mann für seinen Vater, eine Frau für seine Mutter und für sich selbst ebenfalls einen Stellvertreter. Ab dem Moment, in dem sie im Raum zueinander aufgestellt werden, spüren sie auf unerklärliche Weise bestimmte Energien oder auch „fremde" Gefühle, die oft mit den Personen übereinstimmen, die vertreten werden.

Diese Übereinstimmungen werden immer wieder von den aufstellenden TeilnehmerInnen bestätigt, sind aber wissenschaftlich weder belegt noch widerlegt. So kann man bisher nur von den immer wiederkehrenden beeindruckenden Erfahrungen der TeilnehmerInnen ausgehen.

Durch diese „stimmigen" Erlebnisse werden ab und zu Emotionen ausgelöst, sowohl in den StellvertreterInnen als auch in der Person, für die gerade diese Aufstellung durchgeführt wird. Das kann manchmal einzelne TeilnehmerInnen gefühlsmäßig aufwühlen. Deswegen stellt sich auch die Frage, wer so einen Zustand wieder auffangen oder therapeutisch begleiten soll. Ist der Leiter dafür verantwortlich? Oder derjenige, der sich unwissentlich diesen Erfahrungen ausgesetzt hat? Oder soll beobachtet werden, ob sich der Zustand nach einer gewissen Zeit von selbst wieder legt?

Weitere Fragen sind:

"Müssen wir unser Weltbild verändern, wenn wir diese eindrucksvollen Gefühlsphänomene verstehen wollen?"

„Heilung oder Hokuspokus?"

„Hat die Aufstellungsszene mit ihren manchmal dogmatisch auftretenden Leitern Züge einer Sekte?"

Dogmatisch bedeutet an dieser Stelle:

Von einigen Seminarleitern werden bestimmte, faszinierende Zusammenhänge angewandt, die Bert Hellinger immer wieder zielbewusst formuliert:

- Schwere ungeachtete oder unverarbeitete Schicksale, die vor mehreren Generationen passiert sind, sollen bis in die Gegenwart wirken und sich wiederholen.

- Es existieren klare Rangfolgen in Familien.

- Achtungsvolle Sätze, die ein Stellvertreter zu einem anderen sagt, haben lösende Wirkungen (z. B. „Lieber Vati, liebe Mutti, ich gebe euch die Ehre", „Ich achte dich und dein Schicksal", „Ich habe dich so sehr vermisst", „Jetzt sehe ich dich", „Ich gebe dir einen Platz in meinem Herzen", „Ich bin nur euer Kind", „Du gehörst zu uns" …).

- Verneigungen vor einer anderen Person, vor den Eltern manchmal bis zum Boden, geben Kraft.

- Es gibt schlimme Wirkungen durch Ausschluss und erlösende Wirkungen durch Anerkennung der Zugehörigkeit etc.

Diese verlockenden Erkenntnisse werden von einigen Seminar-leiterInnen den TeilnehmerInnen nahegelegt, sie anzunehmen oder auszuführen, manchmal auch gegen deren Widerstand. Dabei gehen manche davon aus, dass diese Erkenntnisse eindeutige „Wahrheiten" sind. Sie verschließen sich dadurch möglicherweise vor Alternativen, neuen Erfahrungen und „neuen Wahrheiten" und verhalten sich auf diese Weise dogmatisch.

Anfang Mai 2003 fand die 4. Internationale Arbeitstagung zu Sys-temaufstellungen in Würzburg statt. In der letzten Veranstaltung, die als „Open Space" durchgeführt wurde (eine von Harrison Owen vorgestellte Form der Gruppenselbstorganisation), bot ich eine Dis-kussionsrunde zum Thema „Gibt es eine Verantwortung der Aufstel-lungsleiterin gegenüber anderen?" an. Obwohl parallel zu meiner Anregung noch ca. sechzig weitere Themen angeboten wurden, war ich der Meinung, dass hier ein großer Klärungsbedarf vorhanden und die Nachfrage entsprechend hoch sein müsste. Doch von über 2300 TagungsteilnehmerInnen zeigten sich nur 15 Personen interessiert.

Meine Überlegung war, dass wahrscheinlich viele diese Frage für sich geklärt haben bzw. sie als zweitrangig oder zu provokativ emp-finden. Weitere Nachforschungen zeigten mir, dass oft TherapeutIn-nen und SeminarleiterInnen diese Frage wie selbstverständlich mit „ja" beantworten. Einige sind der Meinung, dass man grundsätzlich im Umgang mit anderen Menschen eine gewisse Verantwortung für diese trägt, im Rahmen von Aufstellungen also ganz besonders.

Im Dezember 2002 erschien in der Fachzeitschrift „Praxis der Systemaufstellungen" (Heft 2/2002) ein Artikel von mir. Unter dem Titel „Die Konsequenzen eines jungen Aufstellungsleiters" setzte ich mich ausführlich mit diesem Thema auseinander. Ich schrieb, dass ich es für eine Illusion halte, Verantwortung für andere Menschen übernehmen zu können. Deshalb wäre es auch möglich, dass Personen mit wenig therapeutischen Erfahrungen Aufstellungen organisieren und kraftvoll begleiten. Viel entscheidender sei, welche Sichtweise ein Mensch habe. (Mein Artikel steht im Internet unter: www.freie-systemische-aufstellungen.academy)

Erfahrene Seminarleiter und Teilnehmer erklärten daraufhin, es würde eine wichtige Rolle spielen, Menschen ein geborgenes Umfeld zu bieten, damit sie sich vertrauensvoll ihren Problemen und Emotionen stellen können. Selbstverständlich habe ein Leiter eine gewisse Mitverantwortung für die Teilnehmer in diesem geschützten Rahmen und benötige dazu langjährige therapeutische Erfahrungen.

Hinter der Frage, ob ein Leiter Verantwortung für andere Menschen übernehmen darf, soll oder überhaupt kann, verbirgt sich meiner Ansicht nach jedoch eine grandiose Chance: Wir haben die Möglichkeit, ein neues wertvolles und beeindruckendes Potenzial der Aufstellungsarbeit zu entwickeln – und damit gleichzeitig ein Potenzial unserer eigenen Sinne.

Zu dieser Diskussion schrieb mir der Jurist, Philosoph und Autor Dr. Frieder Lauxmann:

„Ihr Disput mit den arrivierten Aufstellern zeigt ein menschheitsaltes Dilemma. Darüber hat ja auch Richard Wagner seine ‚Meistersinger von Nürnberg' geschrieben. Junge Leute drängen sich in angestammte Pfründen und verunsichern die alten Meister mit neuen ungestümen Ideen. Welche Erfahrung gehört dazu, eine Oper oder gar eine Symphonie zu schreiben! Mit 12 komponierte Mendelssohn eine kleine Oper (Liederspiel) ‚Die beiden Pädagogen', in der zwei Lehrer um die richtige Methode streiten. Ein ‚reifes' und sehr witziges Werk. Und Mozart gar! Der hätte doch in seiner Kindheit noch gar nichts schreiben dürfen. Jahrelange Erfahrung ist sicher wichtig und notwendig. Deshalb hat ja auch Hans Sachs (bei Wagner) gesagt: ‚Verachtet mir die Meister nicht'. Und doch, oft ist Erfahrung nur Verkrustung und Verhärtung, sie ist oft der frischen und jugendlichen Intuition unterlegen. Neue Ideen sind meist wichtiger als nur Erfahrung. (…) Immerhin kann es Probleme geben, in denen Erfahrung gefragt ist. Man bräuchte beides."

In mir entwickelte sich der Drang, andere davon überzeugen zu wollen, ja fast überzeugen zu „müssen", dass Verantwortungsübernahme eindeutig eine Illusion ist. Ich fand die Sichtweise falsch, dass ein Mensch mit vielen Erfahrungen für einen anderen Menschen Verantwortung tragen kann. Der Standpunkt der anderen war der falsche, meiner dagegen der richtige. So stieß ich natürlich auf Widerstand. Man fühlte sich von mir angegriffen und ich bekam das Gefühl, mich rechtfertigen zu müssen.

Mit dieser Einstellung begann ich, an diesem Buch zu arbeiten.

Jeder sieht einen Teil der allumfassenden Wahrheit

Doch dann hatte ich in einem Workshop beim Begleiten einer Aufstellung eine wichtige Einsicht, die mich beide Seiten integrieren ließ. Ich erläuterte anschließend der Gruppe meine gerade neu gewonnene Erkenntnis mithilfe eines Beispiels:

„Ihr kennt die großen vierspurigen Straßenkreuzungen, bei denen der Fußgängerüberweg durch eine Verkehrsinsel in der Mitte in zwei Abschnitte unterteilt ist. Auf dieser Verkehrsinsel stehen für die Fußgänger ‚Zwischenampeln'. Als ich bei Grün über die Straße ging, kam mir beim Überqueren des zweiten Abschnitts ein Auto entgegen. Es wollte abbiegen, musste aber darauf warten, bis ich die Straße vollständig überquert hatte. Der Autofahrer hupte, machte aufgeregte Handzeichen, wirkte wütend und fuhr dicht an mich heran. Nachdem ich endlich vorbeigegangen war, flitzte er hinter mir mit quietschenden Reifen davon. Ich wunderte mich und verstand ihn nicht, denn ich hatte doch nichts verkehrt gemacht. Meine Ampel vor mir zeigte die ganze Zeit Grün an. Als ich mich umdrehte, sah ich hinter mir, dass die Fußgängerampel auf der Insel bereits auf Rot stand. Ich verglich noch einmal mit der Ampel, auf die ich zugegangen war: … immer noch grün.

Jetzt konnte ich das Verhalten des Autofahrers nachvollziehen. Er war der Meinung, ich würde gemütlich bei Rot über die Straße gehen. Denn er sah von seinem Standpunkt aus nur die rote Ampel und ich von meinem Standpunkt aus nur die grüne."

Die Tatsache, dass wir von verschiedenen Standpunkten aus immer Verschiedenes wahrnehmen, ist für mich eine entscheidende und erlösende Einsicht. Denn jetzt weiß ich:

Jeder hat Recht.

Haben zwei Menschen unterschiedliche Sichtweisen, so liegt das daran, dass sie von unterschiedlichen Standpunkten aus schauen. Hätten beide denselben Standpunkt, würden sie auch das Gleiche sehen. Dabei gehört zum Standpunkt nicht nur der äußere Ort, sondern auch die innere Ein-„stellung".

Jeder Mensch sieht immer nur einen Teil der ganzen Wahrheit, von seinem eigenen Standpunkt aus.

Und alles, was gesehen wird, gehört zum Ganzen dazu.

Wenn wir eine Aufstellung beobachten, stellen wir fasziniert fest, dass StellvertreterInnen, nachdem sie aus der Gruppe ausgewählt und aufgestellt wurden, verschiedene Gefühle entwickeln. Dabei ist es als Zuschauerin schwer, ihre Gefühle nachzuvollziehen. Steht man selbst an der Stelle des Stellvertreters, spürt man oft überraschend Ähnliches.

Diese Tatsache führt dazu, dass ein (von „außen" führender) Aufstellungsleiter die StellvertreterInnen immer fragen muss, wie es ihnen an ihrem Platz ergeht und was sie fühlen. Erst dann kann er Veränderungs- oder Lösungsvorschläge machen, denn er nimmt die Gefühle der StellvertreterInnen nicht selbst wahr.

Die Gefühle und Sichtweisen eines anderen Menschen können wir nicht nachvollziehen. Wollen wir ihn verstehen, dann müssen wir entweder seinen Standpunkt einnehmen oder ihm Fragen stellen. Betrachten wir ihn nur von unserem Standpunkt aus, so sehen wir ihn anders, gefärbt durch unsere Sichtweise. Oft nehmen wir an, dass es „wahr" sei, was wir sehen. Wenn wir aus dieser „Wahr"-nehmung aber Behauptungen entwickeln, kann das zu Auseinandersetzungen führen. Viele kennen das aus ihrem Alltag. Beobachten wir AufstellungsleiterInnen, wie sie Aufstellungen begleiten, dann erleben wir, was sie für beeindruckende Interventionen machen, wie sie zielsicher die StellvertreterInnen umstellen, was sie ihnen für versöhnende und lösende Sätze vorschlagen, die sie zu anderen StellvertreterInnen sagen sollen, oder was die LeiterInnen selbst für klare Sätze sagen und als Behauptungen in den Raum stellen. Wir fragen uns: Woher weiß die Leiterin das alles?

Aber vielleicht tun oder sagen wir ja Ähnliches, wenn wir an ihrer Stelle stehen würden?

Ich empfand das Verhalten eines bestimmten Aufstellungsleiters oft als unangenehm und unpassend und dachte mir, dass ich an seiner Stelle sicherlich ganz anders handeln würde. Er schien manches besser zu wissen, gab dem Klienten „wissende" Ratschläge, was zu tun sei, oder konfrontierte ihn mit einer „Wahrheit". Ich hatte das

Gefühl, er würde den Klienten überrollen, ihm seine Verantwortung abnehmen, sich über ihn stellen.

Als er dann jedoch meine eigene Aufstellung begleitete, fühlte ich mich plötzlich geborgen. Es passte, was er sagte, es half mir und unterstützte mich. Es gab nichts, was in mir einen Widerstand weckte. Ich empfand ihn als rücksichtsvoll, einfühlsam und klar.

Anfangs verwirrten mich diese Erfahrungen, bis mir klar wurde, dass ich nie das Ganze sehe, sondern von meinem Standpunkt aus immer nur einen unvollständigen Teil wahrnehme. So kann ich mir als Beobachter immer öfter sagen, dass der Leiter für den Klienten in diesem Moment einen für *ihn* passenden Spiegel darstellt.

Genauso ging es mir mit Bert Hellinger. Wenn ich ihn bei der Arbeit mit anderen beobachtete, hatte ich innerlich ab und zu etwas zu kritisieren. Doch als er mir in Bezug auf die erste Manuskriptfassung dieses Buches eine kurze Rückmeldung gab, erlebte ich darin einen für mich stimmigen Spiegel. Ich konnte auf vielen Ebenen Übereinstimmungen zu meinem tiefsten Gefühl entdecken, fühlte mich unterstützt, auf der anderen Seite dort „ertappt", wo ich abwertete und ausschloss, und sah das Wichtigste ans Licht gebracht.

Ich musste ihn erst im Kontakt mit mir selbst erleben, damit mir bewusst werden konnte (wahrscheinlich nur ansatzweise), auf welchen Ebenen er kommuniziert, wie umfassend sein Spektrum ist. Wenn ich nur beobachte, wie er mit anderen arbeitet, hat es natürlich auf mich eine völlig andere Wirkung. Ich befinde mich dabei weder auf seinem Standpunkt noch auf dem Standpunkt des Klienten. Daher kann ich mich in den dort stattfindenden Prozess gar nicht wirklich einfühlen. Ich nehme immer nur meine eigene Deutung der Situation wahr, kann über sie also nicht objektiv urteilen.

Seitdem schaue ich anders auf Menschen, die miteinander agieren. Ich ziehe mich innerlich zurück und weiß, dass ich mich dort nicht hineinversetzen kann. Ich weiß auch nicht, ob das gut oder schlecht ist, was sie miteinander durchmachen, oder wer Opfer und wer Täter ist.

Wenn ich mir auf diese Weise bestimmte Auseinandersetzungen von AufstellerInnen untereinander und zwischen AufstellerInnen, kritischen PsychologInnen und der Öffentlichkeit anschaue, weiß ich jetzt: Alle haben Recht, jeweils von ihrem Standpunkt aus gesehen. Und jeder weiß es besser, wie es sich auf seinem eigenen Standpunkt anfühlt, als die anderen, die dort nicht stehen. Ob diese Auseinandersetzungen berechtigt sind, kann ich von meinem Standpunkt aus nicht beurteilen. Ich kann auch nicht wissen, in welchem Zusammenhang sie stehen oder welche Ursache dahintersteckt.

Wollen wir uns miteinander versöhnen, so haben wir die Möglichkeit, uns so gut wie es geht auf den Standpunkt des anderen zu begeben oder ihm Verständnisfragen zu stellen, um seine Gefühle oder seine Sichtweise mithilfe unserer Erfahrungen ansatzweise nachvollziehen zu können. Dazu müssen wir bereit sein, uns von unserem eigenen Standpunkt wegzubewegen und mit unseren Möglichkeiten in den Standpunkt des anderen einzufühlen (mit der Gewissheit: Wir können jederzeit zu unserem Standpunkt zurückkehren). Bleibt jedoch ein Missverständnis bestehen, so können wir diesen Unterschied zwischen uns auch anerkennen und achten wie er ist:

Von der einen Seite sieht man eben Rot und von der anderen Grün – zu einer bestimmten Zeit.

Die Aufstellungen mit ihren Gefühlsphänomenen sind ein geniales Hilfsmittel für uns, andere Menschen verstehen zu lernen und unseren eigenen Standpunkt zu wechseln. Wollen wir den anderen vollständig verstehen können, müssten wir uns auch vollständig in ihn verwandeln. Da dies aber nicht möglich ist, bleibt immer ein Unterschied, sprich: ein Missverständnis.

Fazit: Wir können immer nur nach dem „besten Missverständnis" zwischen uns suchen.

Diese Erkenntnis macht es mir leichter, meine eigene Sichtweise gegenüber anderen zu vertreten und „Besserwisserei" als dazugehörig anzuerkennen. Denn ich weiß: Bezogen auf meinen eigenen Standpunkt habe ich immer Recht. Und so geht es jedem. Jeder weiß „am besten", was er von seinem Standpunkt aus wahrnehmen kann. Dabei ist mir bewusst: Ich nehme immer nur einen Teil vom Ganzen wahr, eben *meinen* Teil. So wie jeder nur *seinen* Teil vom Ganzen wahrnimmt.

Manchmal überschneiden sich diese Teile und wir nehmen übereinstimmend etwas Ähnliches wahr. Finde ich keine Übereinstimmung, dann liegt es an mir, ob ich meinen Standpunkt wechsle oder nicht. Und ich lebe mit den Folgen.

Auf diese Weise können wir uns gegenseitig helfen, das Ganze annähernd zu begreifen. So wie die fünf Finger einer Hand sich gegenseitig helfen, etwas zu (be)greifen. Jeder Finger hat einen anderen Standpunkt und gehört gleichzeitig zur ganzen Hand.

Meine in diesem Buch dargestellte Form des Freien Aufstellens ist ein Teil vom Ganzen und gehört genauso dazu, wie all das, was sich davon unterscheidet.

Auf der Arbeitstagung in Würzburg erfuhr ich, dass diese freie Art mit Aufstellungen umzugehen für viele wohl recht ungewöhnlich sei. Dort entstand in mir das Gefühl, eine „Marktlücke" entdeckt zu haben, und ich kam auf die Idee, meinen Standpunkt in Bezug auf das Thema Verantwortung mithilfe eines Buches auszudrücken. In diesem Buch würde ich über meine Form der Aufstellung schreiben, die ich „Freie Systemische Aufstellungen" nenne. Darin sind Verantwortungsabgabe und -übernahme nicht möglich.

Kein anderer Mensch als ich selbst trägt die Verantwortung dafür, ob, wann und wie ich in einen Spiegel schaue und wie ich mit der dadurch gewonnenen Einsicht umgehe.

Und auch ich trage keinerlei Verantwortung für jemand anderen, ob, wann und wie dieser in einen Spiegel schaut und was er aus seiner Erkenntnis macht.

Jeder lebt selbst mit den Folgen, die durch den eigenen (subjektiven) Blick in einen Spiegel ausgelöst werden. Ob man den Spiegel als klar oder verzerrt empfindet, kann man nur selbst be(ver)antworten.

Der Begriff „Spiegel" meint in diesem Zusammenhang u.a.: Wenn StellvertreterInnen ganz ähnliche Gefühle der Personen in sich wahrnehmen, die sie vertreten, so funktioniert das auch in Bezug auf sich selbst. Sucht man für sich selbst eine Stellvertreterin aus, kann man während der Aufstellung beobachten, was diese in ihrer Rolle berichtet. Erstaunlich oft findet man sich selbst in den Schilderungen der eigenen Stellvertreterin wieder (= Spiegel). Die Chance, die sich hier bietet, ist, sich z. B. von dieser Person „beraten" zu lassen oder ihr verschiedene Fragen zu stellen, die einem über manche Ausblendungen oder Unwissenheiten hinweghelfen können. Man kann auch „sich selbst helfen", indem man überlegt und ausprobiert, wie und wodurch es seiner eigenen Stellvertreterin besser gehen könnte. Die Rückmeldungen von ihr sind dabei wertvolle Hinweise.

Auch das Verhalten der übrigen StellvertreterInnen und des Aufstellungsleiters kann man als „Reaktion auf mein Problem" deuten und so als Spiegel nutzen. Allerdings bleibt man selbst immer derjenige, der dieses Spiegelbild bewertet und entscheidet, wie man damit umgeht.

Mit diesem Buch lade ich Sie ein, diese Möglichkeit der gemeinsamen „selbstverantwortlichen" Aufstellung als Spiegel ausführlicher kennenzulernen.

Eine neue gesellschaftliche Lebensform

In den Freien Systemischen Aufstellungen wird die (Verantwortung tragende) Leitungsfunktion aufgelöst. Wie geschieht das?

Aus meiner Erfahrung weiß ich, dass das Phänomen der „repräsentierenden Wahrnehmung" nicht nur in Aufstellungen stattfindet, sondern überraschend alltäglich ist, immer und überall entdeckt und von jedem genutzt werden kann. Nicht ohne Grund können sich die meisten Menschen verblüffend schnell mit diesen Aufstellungsphänomenen identifizieren, nachdem sie eine Aufstellung am eigenen Leib erfahren haben. Hier wird etwas geweckt, was unbewusst schon im Alltag angewandt wird: In den Aufstellungen erlebt man als StellvertreterIn deutliche Gefühle. Sowohl emotionale als auch körperliche Symptome sind zu spüren, die oft dem Schicksal der Person ähnlich sind, die vertreten werden. Das entspricht unserer alltäglichen Empathie, die wir im Umgang mit anderen Menschen haben. Meistens sind im Alltag diese Sinne nicht so intensiv oder klar für uns. Wir halten sie zunächst noch für eigene persönliche Gefühle und erkennen nur selten die Ähnlichkeiten zu dem Schicksal oder der inneren Haltung des Gegenübers.

Ein Beispiel: Von einer Bekannten habe ich mich immer wieder abgewertet gefühlt. Ich sprach sie darauf an, doch sie hatte nicht das Gefühl, mich abzuwerten. Als ich später ihren Vater kennenlernte, hatte ich ihm gegenüber ein ähnliches Gefühl. Gleichzeitig entdeckte ich, wie sie ihren Vater hasste. Erst dann wurde mir bewusst, dass ich mit meinem Gefühl eine abwertende Dynamik erspürte, die meiner Bekannten gar nicht bewusst war. Sie lebte mit ihrer Abwertung in einem Abwertungs-Gleichgewicht zum Vater (Hass-Liebe) und hatte sich daran gewöhnt. Und ich bezog das, was ich fühlte, auf mich persönlich. Mein Gespür war jedoch eine repräsentierende Wahrnehmung.

Diese Wahrnehmungsform ist eine natürliche menschliche Gabe. Es ist eine Gefühls-Telepathie, eine besondere Form der Empathie, die überall wiederentdeckt werden kann. Ich nenne es auch gerne „mehrdimensionales Fühlen" oder „resonierende Empfindung".

Sobald wir in Kontakt mit einem anderen Menschen treten, stehen wir in Resonanz mit ihm, seinen Wünschen, Bedürfnissen und Problemen. Dabei befinden wir uns mit unseren Gefühlen und Verhaltensweisen oft automatisch und unbewusst in einem Gleichgewicht zum anderen. Manchmal fällt uns in solchen Situationen auf, dass wir uns anders verhalten als wir es eigentlich wollen. Mit diesen Stellvertreter-Gefühlen bieten wir dem anderen einen Spiegel, durch den er Erkenntnisse über sich selbst gewinnen kann. Umgekehrt können andere mit ihrem Verhalten oder ihren Gefühlen auch uns als Spiegel dienen.

Nehmen wir also ein Gefühl gegenüber einem Menschen wahr, dann können wir dabei lernen, dieses Gefühl nicht immer persönlich zu nehmen, sondern es zu deuten und neu damit umzugehen. Wir können uns fragen: „Was hat dieses Gefühl mit dem Schicksal oder der inneren Haltung des anderen zu tun?", und beobachten, was uns im Laufe der Zeit dazu auf- oder einfällt.

Haben wir mit dieser Situation selbst ein Problem, dann können wir es auch für uns anwenden und uns fragen: „Was hilft mir?" oder „Wogegen wehre ich mich gerade? Und was wäre, wenn ich mich nicht mehr dagegen wehren würde?"

Anschließend beobachten wir, was für eine Antwort wir uns selbst geben. So haben wir die Chance, etwas zu integrieren und damit die Sichtweise auf uns selbst zu erweitern.

Genauso können wir über uns selbst nachdenken, wenn uns jemand anderes mitteilt, wie er sich uns gegenüber fühlt. Wir können uns Fragen stellen und untersuchen, welche Ursache das Gefühl des anderen haben könnte, welchen Einfluss wir darauf haben, welchen

Teil unseres Schicksals der andere gerade erspürt und wie wir neu damit umgehen wollen. Uns können neue Zusammenhänge bewusst werden. Auf diese Weise erweitern wir Schritt für Schritt unser „Selbstbewusstsein".

Bisher wird diese natürliche Wahrnehmungsfähigkeit, die eine klare Basis der Aufstellungsarbeit bildet, bei vielen Berichten über Aufstellungen und bei allen Kritiken an der Aufstellungsszene und an Bert Hellinger ausgeblendet. Es erscheint den meisten als „zu unwirklich". Die Kritiken beziehen sich stattdessen immer wieder darauf, dass manche AufstellungsleiterInnen in ausgrenzender und dogmatischer Weise mit KlientInnen umgehen und dass Bert Hellinger „Wahrheiten" verbreitet. Dabei wird übersehen, wodurch er zu seinen Einsichten gelangen konnte: durch das, was sich mithilfe der resonierenden Empfindungen von Stellvertretern in einer Aufstellung „wie von selbst" zeigt.

Natürlich wird alles, was sich zeigt, noch interpretiert und gedeutet. Hier (unter-)scheiden sich die Geister (im wahrsten Sinne des Wortes) und jeder sieht nur seinen Teil der ganzen Wahrheit. Doch dass sich in einer Aufstellung mithilfe der resonierenden Empfindungen etwas zeigt, bleibt. Und dass Hellingers Einsichten einen Teil der ganzen Wahrheit (ab)bilden, bleibt auch.

Ein neuer Teilnehmer meiner Workshops beobachtete dieses Phänomen und sagte am Ende des Tages, dass er dieses alles zwar sehr interessant fände, doch er würde lieber ein realistischer Mensch bleiben. Darauf antwortete ich, dass ich ihn verstehen könne. Allerdings hätte ich ebenso ganz stark das Gefühl, Realist zu sein. Ich erlebe konkret, dass sich diese Gefühls-Telepathie immer wieder zeigt. Sie funktioniert sogar, wenn die StellvertreterInnen gar nicht darüber informiert wurden, wen oder was sie vertreten sollen. Sie haben trotzdem passende Gefühle und verhalten sich spontan den

Personen oder Dingen entsprechend, die sie vertreten. Ich nehme diese Erfahrung ernst, halte sie für realistisch und überlege mir, was ich bezüglich meines Weltbildes daraus für Konsequenzen ziehe.

Die Freien Systemischen Aufstellungen machen sich dieses Wahrnehmungsphänomen von StellvertreterInnen gezielt zunutze und setzen genau hier an. Dabei geht es darum, dass sich eine Gruppe von Menschen für eine Person zur Verfügung stellt, die eine Frage mitbringt. Die Gruppe spiegelt dieser Person in einem gemeinsamen „Rollenspiel" ihr Anliegen – mithilfe der resonierenden Empfindungen – und macht dabei auch Deutungs- und Entwicklungsvorschläge.

Diese Gruppengemeinschaft stellt für alle eine Möglichkeit des (Mit-)Teilens und der Kooperation dar. Die teilnehmenden Menschen leben vorübergehend in einem Gleichgewicht, getragen von Neugier, Lust an Entdeckungen, Lösungen und Entwicklungen. Der Spaß, seine Kreativität im Problemlösen auszuleben, spielt eine weitere Rolle. Dabei richtet sich die Aufmerksamkeit verstärkt sowohl auf wechselseitigen Respekt und gegenseitige Achtung des individuellen Schicksals als auch auf die Fragen „Was wirkt?" und „Was hilft?".

Ich empfinde es als sehr sinnvoll, dieser neuen „Lebensform" die Chance zu geben, sich frei auszubreiten und sich zu entwickeln, unabhängig von Seminaren, erfahrenen LeiterInnen und Aufstellungsschulen. Von meinem Standpunkt aus gehören Seminare, LeiterInnen und Schulen unbedingt dazu. Sie stellen Bedeutendes zur Verfügung. Ohne sie könnte ich jetzt nicht dieses Buch auf diese Weise schreiben, und ich bin sehr dankbar dafür. Eine Grundvoraussetzung für das Gelingen von Aufstellungen, wie es oft angenommen wird, bilden sie jedoch nicht.

Ich höre ab und zu von TeilnehmerInnen meiner Workshops, dass sie zu Hause ausprobiert haben, mit FreundInnen bestimmte

Situationen und Probleme aufzustellen. Sie konnten sich gegenseitig durch die resonierenden Empfindungen hilfreiche Impulse geben. Und sie waren auch fähig, sich in angespannten Aufstellungssituationen selbstverantwortlich zurückzuziehen. Sie spürten, dass es ihnen als StellvertreterIn an dieser Stelle zu belastend wäre, sich den „fremden Gefühlen" hinzugeben. Selbst das hatte für sie eine interessante Spiegelwirkung.

Häufig wird übersehen, dass wir nicht nur die natürliche Fähigkeit zur resonierenden Empfindung besitzen (und sie sogar täglich unbewusst nutzen), sondern gleichzeitig auch die Möglichkeit haben, Gefühle nicht zuzulassen. Wir können uns durch Rückzug vor ihnen schützen. Auf diese Weise halten wir in den alltäglichen Begegnungen mit anderen Menschen unser emotionales Gleichgewicht. Das „Zulassen" und das „Abschalten" von Gefühlen (oder auch: das „Gehen in" und der „Rückzug aus" Situationen) befähigt uns, selbstverantwortlich mit den Aufstellungsphänomenen umgehen zu lernen.

Deshalb kann der bewusste und eigenverantwortliche Umgang mit dieser Wahrnehmungsfähigkeit uns Menschen in eine neue gesellschaftliche Lebensform führen. Dazu wird eine Weltsicht gehören, in der verstärkt Integration und Verbundenheit eine Rolle spielen, weniger der Ausschluss und die Trennung. Man nutzt Problemgefühle immer weniger dazu, andere zu beschuldigen und sich gegenseitig zu bekämpfen, sondern erforscht und untersucht die Zusammenhänge, die dazu geführt haben, dass dieses Problem aufgetaucht ist. Man sucht sowohl in sich selbst als auch im Außen und gelangt dadurch zu einem umfassenderen Selbstverständnis.

Die Freien Systemischen Aufstellungen wollen dieser Entwicklung zur Seite stehen und nutzen dabei die Weltsicht der Verbundenheit aller Wesen. Ich werde später ausführlicher auf diese neue Lebensform eingehen (S. 185 ff.).

Aufstellungen „gehören" allen, weil alle die Fähigkeit zur resonierenden Empfindung haben. Wir machen im Alltag die Erfahrung, dass im Kontakt mit verschiedenen Menschen auch unterschiedliche Gefühle in uns wahrnehmbar sind, die uns teilweise in unseren Handlungen steuern, manchmal sogar gegen unseren Willen. Nachdem uns das immer öfter bewusst wird, gerade durch Aufstellungen, können wir neu und selbstverantwortlich lernen, damit umzugehen.

Fazit: Für das Durchführen einer Aufstellung ist die Anwesenheit eines verantwortlichen erfahrenen Leiters möglich, bei sehr schweren Schicksalen oder Krankheiten von Teilnehmern oft auch erwünscht und wirkt eindrucksvoll unterstützend.

Sie ist aber nicht immer notwendig.

In der ersten Hälfte dieses Buches stelle ich den genauen Rahmen der Freien Systemischen Aufstellungen vor. Dabei formuliere ich mehrere Regeln, die zeigen, worauf bei Freien Aufstellungen geachtet werden kann.

Ist das ein Widerspruch? Sind durch die Existenz von „Regeln" Aufstellungen überhaupt noch frei?

Die hier von mir vorgestellte Form des Freien Aufstellens heißt „frei", weil die aufstellende Person frei über die eigene Aufstellung bestimmen kann. Um diese Freiheit in jedem Moment ausüben zu können, bedarf es gewisser Regeln. „Frei" bedeutet in diesem Sinne nicht, dass alle beteiligten Personen jederzeit alles tun dürfen, was sie wollen. „Freies" Aufstellen ist „freies" Entscheiden der TeilnehmerInnen über ihre eigene Aufstellung.

Wer die „Spielregeln" des Freien Aufstellens in diesem Buch genauer betrachtet, wird außerdem feststellen, dass es eher „AntiRegeln" sind, die immer wieder etwas erlauben und dadurch bisher vorhandene Grenzen der traditionellen Aufstellungsform öffnen.

Im folgenden Kapitel beginne ich mit der Beschreibung der „Leitungsfunktion", weil sie einen Rahmen für Aufstellungen gibt und großen Einfluss auf sie hat. Wer Aufstellungen jedoch noch nicht kennt, dem empfehle ich, sich zunächst dem 2. Kapitel „Der Ablauf einer Freien Aufstellung" zu widmen, bevor er sich mit der Leitungsfunktion auseinandersetzt. Für alle anderen halte ich die gegebene Reihenfolge für sinnvoller.

In der zweiten Hälfte dieses Buches setze ich mich für die an Theorie Interessierten ausführlicher mit der Frage auseinander, was Verantwortung ist. Dazu stelle ich mein Weltbild der Verbundenheit vor, das mir immer wieder die Kraft und das Vertrauen gibt, mich in das Freie Aufstellen „hineinfallen zu lassen".

Am Ende des Buches finden Sie ergänzende Hinweise, z. B. zu der Möglichkeit, mit sich allein eine Aufstellung durchzuführen, oder zu rechtlichen Zusammenhängen: Wodurch macht man sich strafbar, wenn man Systemische Aufstellungen anbietet und leitet, ohne Arzt oder Heilpraktiker zu sein? Spannend sind auch die Entdeckungen, in welchen Situationen wir unbewusst „die resonierenden Empfindung im Alltag" nutzen.

Besonders hinweisen möchte ich auf den Abschnitt „Gefahren" im 3. Kapitel.

Ich freue mich, wenn von jedem Standpunkt aus wahrgenommen werden kann:

In diesem Buch schreibt ein Mensch über seinen ganz eigenen Standpunkt. Und von hier nimmt er einen Teil des Ganzen wahr.

I

Die Leitungsfunktion

Teilnahmegebühren

Wenn man an einem Aufstellungsseminar oder -workshop teilnehmen will, stößt man als erstes auf Informationsmaterial, z. B. in Form von Flyern, Anzeigen oder Internetseiten, die SeminarleiterInnen erstellt oder initiiert haben. Einer der ersten Blicke richtet sich meistens auf die Dauer und den Preis eines solchen Seminars. Deshalb beschäftige ich mich zu Beginn mit den Teilnahmegebühren.

Ich habe den Eindruck, dass sich die Preise für Aufstellungen oft auf einem hohen Niveau befinden. Manche SeminarleiterInnen passen sie der allgemeinen Nachfrage und den meist tiefgehenden Wirkungen von Aufstellungen an.

Doch die Qualität von Wirkungen ist nicht abhängig von dem Anbieter des Seminars und der Höhe der Gebühr, sondern entsteht durch den (bewussten oder unbewussten) Umgang der TeilnehmerInnen mit dem, was sich in den Aufstellungen zeigt. Auch wenn eine Leiterin viel Einsatz bringt und sich gute Lösungen einfallen lässt, ist damit nicht gesichert, dass dies auch gute Wirkungen hat. Erst die TeilnehmerInnen selbst entscheiden, was für sie lösend wirkt.

Ein Mensch ist immer frei, aus einer negativen Erfahrung etwas Positives zu machen und umgekehrt. Erfahrung ist nicht, was einem Menschen widerfährt, sondern was er daraus macht.

Diese Tatsache bildet die erste Wurzel für die Freien Systemischen Aufstellungen: Jeder entscheidet selbst auf bewusster oder unbewusster Ebene, was er von einer Aufstellung nutzt. Auch Aufstellungen, die ohne konstante Leiterin ablaufen, können weiterhelfen.

Einige SeminarleiterInnen erstellen ihre Preise mit folgendem Gedanken: „Wenn eine Person viel bezahlt, will sie auch viel mitnehmen und ist dadurch williger, sich auf etwas einzulassen."

Das kann sehr positive Wirkungen entfalten, kann aber auch von einer Leiterin (mehr oder weniger bewusst) ausgenutzt werden, indem sie die Situation z. B. für eigene „Macht- oder Kontrollgefühle" nutzt. Und das hängt wiederum davon ab, wie ein Teilnehmer damit umgehen kann.

Ich selbst habe schon an Seminaren teilgenommen, für die ich viel bezahlt habe, bei denen ich aber nicht sagen kann, ob meine Erlebnisse diesem Geldwert entsprachen.

Im Gegensatz dazu habe ich Erfahrungen mit kostenlosen Aufstellungsworkshops, die ich auf Spendenbasis anbiete, in denen TeilnehmerInnen sehr viel lernen und tiefe Erkenntnisse mitnehmen. Diese sind ihnen trotz fehlender Gebühren sehr wertvoll.

Wenn ich dies mit meinem Leben vergleiche, so kann ich nur bestätigen: Ich habe viele wertvolle Erfahrungen gesammelt, für die ich tief dankbar bin. Und ich habe das Leben dafür nicht finanziell bezahlt. Mein Ausgleich sind die Dankbarkeit, die ich fühle, und die Handlungen, die aus diesen Erfahrungen hervorgehen.

Fühlen sich TeilnehmerInnen meiner Workshops dankbar, weil ich ihnen kostenlos die Möglichkeit für Aufstellungen organisiere und einen Raum anbiete, in dem schöne und wichtige Erfahrungen gemacht werden können, bin ich innerlich erfüllt. Wir befinden uns in dieser Dankbarkeit in einem Gleichgewicht miteinander.

Des Weiteren biete ich eine sehr kostengünstige Workshopform an, die zeitlich in mehrere Einheiten gegliedert ist: Samstag vormittags/nachmittags und Sonntag vormittags/nachmittags. Jeder kann ohne Anmeldungsverpflichtung spontan entscheiden, an welcher Einheit er teilnimmt oder ob er das gesamte Wochenende miterleben möchte.

Beim kostenlosen Workshop als auch bei den kostengünstigen Kurz-Workshops wird bei mir immer ausgelost, wer sein Anliegen aufstellt. Wer innerhalb von zwei Teilnahmen (an zwei Tagen oder Abenden) hintereinander nicht ausgelost wurde, kommt auf eine

Vorrangliste und rutscht in dieser Liste immer weiter nach oben an die Spitze, je öfter er teilgenommen aber nicht aufgestellt hat. Bei einem Workshop darf immer einer, der auf dieser Liste an oberster Stelle steht, außerhalb des Losverfahrens aufstellen. Auf diese Weise gebe ich Raum dafür, dass auch Leute mit wenig Glück im Los irgendwann garantiert aufstellen können.

Für eine dritte Workshopform muss man sich verbindlich anmelden. Hier ist die Teilnehmerzahl begrenzt, die Gruppe bleibt über eine längere Zeit konstant, und auch die Teilnahmegebühr ist ein wenig höher als bei den Kurz-Workshops. Als Ausgleich hat man die Garantie, sein Anliegen auf jeden Fall aufstellen zu dürfen.

Wer eine konstante Gruppe aufgrund des wachsenden Gruppenzusammenhaltes vorzieht, wird diese Form wählen können. Dieser Rahmen von Verbundenheit und Gruppenzusammenhalt kann für bestimmte Menschen unterstützend wirken, um sich mithilfe der Gruppe leichter emotional öffnen zu können. Gleichzeitig bietet ein verbindlicher Workshop für mich die Möglichkeit, von meinen Organisationsangeboten leben zu können.

Genauso geht es auch vielen anderen SeminarleiterInnen.

Die Argumente für die Erhebung einer Gebühr „Ich möchte von meinen Seminaren leben", „Ich möchte für meinen Einsatz ein entsprechendes Honorar" oder „Ich lasse mir meine Zeit gerne hoch bezahlen" lasse ich für mich eher gelten als die Aussagen: „Man muss den TeilnehmerInnen deutlich machen, welchen Wert eine Aufstellung hat. Und man sollte für die Wirkungen einen angemessenen Ausgleich fordern."

Eine Bekannte hat erlebt, dass manche LeiterInnen folgende Ansichten vertreten: „Die hohen Gebühren sind deshalb notwendig, damit die TeilnehmerInnen nicht leichtfertig mit der Heilmethode umgehen."

Oder: „Wenn jemand wirklich geheilt werden möchte, wenn seine Absicht ganz klar ist, dann ist auch die Kraft da, um diesen hohen

Preis zu zahlen. Ist man nicht bereit, die hohen Summen in seine Gesundheit zu investieren, so ist derjenige es sich selbst nicht wert. Und somit sind die Chancen auf Heilung gering."

Bei solchen Aussagen wird für die TeilnehmerInnen eines Seminars oder die Wirkungen einer Aufstellung eine „Verantwortung" übernommen, wie es meiner Ansicht nach gar nicht möglich ist. Niemand hat wirklich Einfluss darauf, einem anderen Menschen etwas als wertvoll erscheinen zu lassen oder nicht. Das kann nur jeder für sich selbst entscheiden.

Nur ich erlebe und kann beurteilen, was mir in meinem Leben wirklich wertvoll war und ist. Und das ist unabhängig von dem Geld, das ich dafür bezahlt habe.

Ich habe das Anliegen, interessierten Menschen die kleinen und großen Wunder von Aufstellungen zugänglich zu machen, gerade jenen, die wenig Geld oder kaum Zeit investieren können oder wollen. Deshalb biete ich auch diese in mehreren Zeiteinheiten eingeteilte kostenlose Workshop-Form an. Wer das Bedürfnis hat, als Ausgleich oder Wertschätzung für das Erlebte etwas zu spenden, hat die Möglichkeit, dies anonym zu tun.

Die Höhe der Teilnahmegebühren meiner verbindlichen Workshops richte ich nach meiner persönlichen finanziellen Lage und nach meinem Gefühl. Daher lautet meine erste Regel:

Regel 1 der Freien Systemischen Aufstellungen:

Die Höhe der Teilnahmegebühr richtet sich nach den Bedürfnissen der Organisatorin / des Organisators.

(Alle Regeln sind am Ende des Buches in einer Übersicht zusammengefasst.)

Der gastgebende Organisator

Aufstellungen im menschlichen Miteinander, im Alltag, außerhalb von Veranstaltungen benötigen keinen Leiter. Sie geschehen einfach durch resonierende Empfindungen – unabsichtlich und unbewusst.

Welche Voraussetzungen müssen erfüllt sein, wenn eine Aufstellung aber bewusst und absichtlich durchgeführt werden soll?

– Eine Person hat den Wunsch, für die Beantwortung einer Frage oder die Lösung eines Problems eine Aufstellung zu nutzen.

– Ein Raum steht dafür zur Verfügung.

– Mehrere Personen, die als StellvertreterInnen mitwirken, sind organisiert.

– Einer aus der Gruppe weiß, was Aufstellungen sind, wie sie funktionieren und wie man mit ihnen umgehen könnte.

Die ersten drei Punkte stellen kein Problem dar und sind leicht zu verwirklichen. Der letzte Punkt jedoch kann nicht konkret überprüft werden. Wann weiß jemand, was Aufstellungen sind? Was sind eigentlich Aufstellungen und wie funktionieren sie denn nun? Wenn jemand behauptet, er wüsste es, wie kann man das überprüfen?

Diese Fragen sind bis heute ungeklärt und so bleibt gewährleistet, dass Aufstellungen sich auf alles übertragen lassen. Sie können in allen Bereichen von jedem auf seine Weise genutzt werden. Jeder kann sich selbst beantworten, was Aufstellungen sind und wie sie funktionieren. Jeder macht sich ein eigenes Bild und von jedem Standpunkt aus gesehen erscheinen Aufstellungen immer ein bisschen anders.

Aus diesem Grund existiert eine große Zahl an unterschiedlichsten Aufstellungsformen. Und jeder, der sie anbietet oder das Aufstellen lehrt, macht es ein bisschen anders als die anderen.

An der von mir beschriebenen Form der Freien Systemischen Aufstellungen nimmt mindestens eine Person teil, die von sich behaupten kann, Aufstellungen in gewisser Weise zu kennen. Das muss
nicht überprüfbar sein. Es genügt, wenn diese Person von ihren
eigenen Kenntnissen selbst überzeugt ist. Sie ist diejenige, die eine
Möglichkeit organisiert und anbietet, damit man in einer Gemein-
schaft Freies Aufstellen durchführen und erleben kann. Diese Person
ist der „Gastgeber". Ich habe den Begriff als Bezeichnung für die
Organisatorenrolle von Matthias Varga von Kibéd und finde ihn sehr
passend. Er erläutert ihn ungefähr auf folgende Weise:

Ein Gastgeber öffnet den Raum. Ohne ihn gelangt niemand in
diesen Raum. Gleichzeitig ist er der „Diener" seiner Gäste. Er kümmert sich um ihre Wünsche und Bedürfnisse. Doch er stellt nicht das
Fest her, sondern das Fest entsteht von selbst durch die Mitwirkung
von allen. Das erkennt man auch daran, dass, wenn das Fest gelingt,
der Gastgeber Dankbarkeit und Freude dafür fühlt, weniger einen
Stolz über seine eigene Leistung. Zwar kann man stolz darüber sein,
wie man das Fest gestaltet hat, auf die Herrichtung der Räumlichkei-
ten, auf die köstlichen Speisen. Doch die Stimmung der Gäste kann
der Gastgeber nicht beeinflussen. Hier wirkt alles zusammen. Alle
gestalten das Fest.

Die Gäste können entscheiden, ob ihnen der Gastgeber sympa-
thisch ist und sie sich gerne in seinem Raum aufhalten oder ob sie
sich zurückziehen und bald wieder gehen.

Die Gastgeberin von Aufstellungen ist die „Organisatorin". Sie
begrüßt die TeilnehmerInnen, erläutert ihr Wissen, ihre Sichtweisen,
ihren Standpunkt, erklärt die Regeln, beantwortet Fragen und organisiert den Ablauf der gemeinsamen Zeit (Entscheidungen, wer aufstellt, Dauer der Aufstellungen, Pausen, Organisieren von Gesprä-
chen in der Gruppe und der Einhaltung der Regeln …).

Bei den Freien Systemischen Aufstellungen, die einen nicht-therapeutischen Rahmen bieten, entscheidet die aufstellende Person frei und eigenverantwortlich über ihre Aufstellung. Sie ist während ihrer Aufstellung die Chefin und die gesamte Gruppe als auch der Organisator ordnen sich der Chefin unter. Hat die Chefin der beobachtenden Gruppe keine Grenzen gesetzt, dann gibt es die Möglichkeit, dass sich jeder beliebig in das Geschehen mit einmischt (ich erläutere dies ausführlich ab S. 56 ff.).

Bricht dann in der Gruppe ein Chaos aus (in Form von endlosen Diskussionen oder vielleicht sogar Auseinandersetzungen), kann der Organisator eingreifen und diesen chaotischen Prozess unterbrechen, wenn die aufstellende Person dies wünscht. Er kann aber auch selbst entscheiden, in das Chaos einzugreifen, wenn es nicht mehr seinem persönlichen Rahmen der Veranstaltung entspricht, die er seinen Gästen anbieten will. Er entscheidet, wie weit er Dinge in seiner Veranstaltung geschehen lässt oder ob er die Kontrolle für das Geschehen übernimmt. Er kümmert sich um seine eigenen Grenzen für seine eigene Veranstaltung.

Die „Freiheit" von Aufstellungen und des Gruppenprozesses hängt also von dem gastgebenden Organisator ab. Dabei handelt jede Teilnehmerin eigenverantwortlich und hat die Wahl, den organisierten Raum des gastgebenden Organisators zu betreten und an der Gruppe teilzunehmen oder sich davon zu distanzieren und zu gehen.

Es genügt als gastgebende Organisatorin einer Freien Systemischen Aufstellung, Lust und Begeisterung am Organisieren von Aufstellungen zu besitzen – und Mut zum Grenzensetzen. Es ist von Vorteil, sich darüber im Klaren zu sein, was während Aufstellungen passieren kann, um die Gruppe darüber aufzuklären (unter den Abschnitten „Gefahren" und „Kollision mit dem Gesetz?" habe ich das meiner Ansicht nach Nötigste zusammengefasst).

Diese Form der Organisation ist eine sehr freie. Hier wird ein Rahmen geboten, in dem auf selbstständige Weise mit Aufstellungen gearbeitet und auch beliebig experimentiert werden kann. Eine Verantwortung für TeilnehmerInnen hat die Organisatorin von Freien Aufstellungen nicht, jeder trägt sie selbst. Doch man kann sich gegenseitig helfen und fürsorglich sein, wenn man möchte.

Es gibt auch strenger geführte Formen, in denen AufstellungsleiterInnen fundierte psychotherapeutische Ausbildungen und langjährige Erfahrungen besitzen. Zudem haben sie sich ausführlich mit unterschiedlichsten Aufstellungsformen beschäftigt und können einen beschützenden und auch fachmännischen Rahmen bieten. Jede Form bietet etwas anderes.

Es ist wie im Leben: Manchmal wollen wir uns in eine Geborgenheit fallen lassen und tiefes Vertrauen in die Führung, das Wissen und die Erfahrungen eines anderen entwickeln, und manchmal wollen wir unseren ganz eigenen Weg gehen, selbstständig sein und dabei unseren eigenen Ideen und Gefühlen folgen.

Beides kann jeweils zum passenden Zeitpunkt zur Erreichung bestimmter Ziele dienen.

Manche OrganisatorInnen meinen, der Gruppe einen großen Erfahrungsschatz bieten zu müssen. Dadurch fühlen sie sich selbst unter Druck und geben vor, über alles Bescheid zu wissen.

Meine Empfehlung ist, immer ganz ehrlich zu bleiben und sich der Gruppe so zu zeigen, wie man ist. Wenn sich jemand als gastgebender Organisator für Freies Aufstellen anbietet aber noch nicht viele Erfahrungen hat, ist es gut, dies die Gruppe wissen zu lassen. Ist der Organisator ehrlich, dann erhöht es die Wahrscheinlichkeit, dass die Gruppe es ebenfalls sein kann und dass die Aufstellungen offener verlaufen.

Hat jemand weniger Erfahrungen, nimmt aber die Haltung einer Leiterin ein, die auf alles eine Antwort hat, dann ist das ein Ungleichgewicht. Es wird sich wahrscheinlich auch in dem Verhalten der TeilnehmerInnen und den Aufstellungen spiegeln. Zu diesem „So-tun-als-ob" werden TeilnehmerInnen intuitiv ein Gleichgewicht eingehen, und die Aufstellungen können an dieser Problematik hängen bleiben.

Gleichzeitig kann die Organisatorin diese Situation für sich als Spiegel nutzen. Erkennen kann sie ihre Problematik z. B. daran, dass sie sich angegriffen fühlt, wenn sich der eine oder andere Teilnehmer mit bestimmten Aussagen gegen sie richtet, Einwände hat und sie auf irgendeine Art und Weise zu bekämpfen beginnt. Die Organisatorin hat dann die Gelegenheit sich zu fragen, was sie selbst gerade überspielt oder ausgrenzt und in welchem Bereich sie nicht ganz ehrlich ist.

Je ehrlicher und offener eine Organisatorin sich zeigt, desto ehrlicher und offener können sich die TeilnehmerInnen verhalten und sich die Aufstellungen gestalten. Die TeilnehmerInnen und Aufstellungen „müssen" nicht offener sein, aber das Potenzial dafür ist höher, wenn die Organisatorin eine Offenheit vorlegt.

Regel 2:

Ein(e) gastgebende(r) OrganisatorIn stellt einen äußeren und einen inneren Raum zur Verfügung, in dem Aufstellungen durchgeführt werden können.

Ein Wechsel der Leitung kann eine Wirkung haben

Ich habe in einer Lerngruppe erlebt, dass der leitende Teilnehmer einer Aufstellung nicht mehr weiterwusste. Er fragte einen beobachtenden Teilnehmer aus der Gruppe, der gerade viele lösende Ideen zu der momentanen Problematik hatte, ob er die Leitung vielleicht übernehmen würde. Er stimmte zu und sie wechselten.

In dem Moment, als die Leitung übergeben wurde, fielen den StellvertreterInnen in der Aufstellung neue Zusammenhänge auf, die sie spontan äußerten, ohne dass der zweite Leiter bereits etwas getan hatte. Die Aufstellung kam schnell zu einem lösenden Ende und der neue Leiter musste kaum helfend eingreifen.

Diese Situation war für den ersten Leiter ein Spiegel und er lernte etwas daraus. Der zweite Leiter deutete, dass lediglich sein Dasein als neuer Leiter unterstützend auf die Aufstellung wirken kann.

Nicht nur die äußeren Handlungen, sondern auch die inneren Einstellungen eines Gastgebers können den Gästen Raum zum Handeln geben.

Wir kennen dies aus anderen Situationen: Wenn uns zum Weinen ist, können wir es in der Gegenwart von Menschen oft nur zulassen, wenn wir uns bei ihnen aufgehoben fühlen, wenn ein „emotionaler Raum" vorhanden ist. Haben die anderen Menschen eher Probleme mit Tränenausbrüchen oder kein Verständnis dafür, dann spüren wir selbst eine Bremse und halten die Tränen lieber zurück.

Diese Beispiele zeigen, dass ein Wechsel in der leitenden Person durchaus eine Wirkung haben kann.

Wenn sich also eine Gruppe trifft, um Aufstellungen durchzuführen, und die TeilnehmerInnen haben unterschiedliche Erfahrungen mit Aufstellungen, dann kann in einer Aufstellung mehr Raum entstehen, wenn alle zusammenarbeiten. Das bedeutet: Stagniert die

Aufstellung an einer Problematik und entwickelt sich nicht weiter, so könnte dies an der gegenwärtigen Leiterin liegen. Trägt dann die Idee eines Teilnehmers zu einem lösenden Schritt bei, den die Leiterin auch zulässt, kann man darin einen Wechsel in der Leitung sehen. Der Teilnehmer übernimmt durch seine spontane Äußerung kurz die Führung (weil alle ihre Aufmerksamkeit auf ihn richten) und dadurch kann sich eine Aufstellung weiterbewegen.

Allein schon aus diesem Grund ist es in den Freien Systemischen Aufstellungen wichtig, dass jederzeit die Möglichkeit zum Wechsel in der Leitungsfunktion gegeben wird. Jede Leiterin muss bereit sein, die Leitung wieder abzugeben – vor allem in Momenten, in denen sie nicht weiterweiß. Spricht sie ehrlich ihr Gefühl aus: „Hier weiß ich nicht mehr weiter", und zieht sich zurück, wird sie zur Beobachterin. Auf diese Weise entsteht die Möglichkeit, dass eine andere Teilnehmerin durch ihren plötzlichen Impuls oder eine Idee die Leitung übernimmt.

Gemeinsam wird dann auf die StellvertreterInnen geschaut, ob dieser Impuls weiterhilft oder eher unwichtig ist, weil z. B. kaum jemand darauf reagiert.

Ich ergänze hier also meine Aussage: „Je ehrlicher und offener der Organisator sich zeigt, desto ehrlicher und offener können sich die TeilnehmerInnen verhalten und sich die Aufstellungen gestalten."

Die Ergänzung heißt folglich: „Je deutlicher sich ein Organisator in seinem Gefühl zurückhalten kann, permanent eine Aufstellung leiten zu ‚müssen', desto größer ist der Raum für Impulse von den StellvertreterInnen und aus der übrigen Gruppe und desto offener kann eine Aufstellung ablaufen."

So können sich die Aufstellungen über den inneren Rahmen, den der Organisator vorab gestellt hat, hinausbewegen.

Während einer Aufstellung musste ich einmal als gastgebender Organisator dringend auf die Toilette. Beim Hinausgehen spürte ich, dass ich eine bestimmte „führende Energieform" mitnahm. Anders gesagt: Ich hatte den Eindruck, dass sich jetzt die Gruppe „ohne Leiter" fühlen würde, wenn ich gehe.

Draußen war ich überraschenderweise erleichtert (im doppelten Sinne) und ahnte, dass es der Gruppe vielleicht ähnlich ergehen würde. Als ich zurückkam, fühlte ich erneut überrascht. Die Aufstellung hatte sich inzwischen verändert. Ein Stellvertreter, der vorher abseits stand, hatte sich zu einer Gruppe von anderen StellvertreterInnen dazu gestellt. So ging es allen Beteiligten besser.

Bevor ich hinausgegangen war, hatte ich das Gefühl, dass er sich eigentlich noch weiter weg stellen müsste. Ich hatte es aber nicht gesagt. Mit dieser inneren Erwartung habe ich möglicherweise die Aufstellung unbewusst beeinflusst, ihr also im Weg gestanden. Dabei konnte ich nur im Weg stehen, weil sowohl die Gruppe als auch ich immer noch das Gefühl hatten, ich hätte gerade als „Leiter" für die Aufstellung eine bestimmte Rolle zu erfüllen. Durch mein Hinausgehen und „mich Entziehen" aus der Leitungsrolle, konnte sich die Aufstellung mithilfe der Impulse der Stellvertreter weiterentwickeln. Hätte ich nur als Zuschauer und nicht als Leiter diese bremsende Erwartung gehabt, hätte es vielleicht die Aufstellung nicht so sehr blockiert.

Bevor ich auf die Toilette ging, bestand das Problem: Mir war nicht bewusst, dass ich mit meinem Gefühl die Aufstellung blockierte. Der Gruppe wiederum war nicht bewusst, dass ihre Sichtweise, ich sei gerade der einzige Leiter, den nächsten Schritt verhinderte. Diese Situation lässt sich vergleichen mit den Tendenzen in unserer Gesellschaft, eher auf so genannte „führende" Persönlichkeiten zu schauen, auf deren Impulse und Veränderungen zu warten und auf sie zu reagieren. Dabei erkennt man nicht, dass man sich selbst für diese Ausrichtung entscheidet.

Ist man sich jedoch seiner Autonomie bewusst, dann schaut man nicht mehr nach außen, sondern man kann sich selbst bewusster wahrnehmen, eigene Impulse erkennen, die Initiative ergreifen und kreativ mit der momentanen Problemsituation umgehen.

Vieles kann sich von allein durch gemeinsame Zusammenarbeit regeln – ohne die Präsenz einer ständig verantwortlichen Person, die führt und anleitet. Und man selbst ist als dazugehöriges Element durch seinen persönlichen Standpunkt und sein eigenes Gefühl maßgeblich an dieser Zusammenarbeit beteiligt.

Selbst eine führende Person hat in Wirklichkeit keine Verantwortung für andere, denn jeder ist immer frei, diese Führung anzunehmen oder sich zu entziehen, den Spiegel zu nutzen oder ihn ungenutzt zu lassen, dieser Führung durch die eigene Unterwerfung Macht zu geben oder die Macht selbst zu behalten.

Im Angesicht der Aufstellungs-Phänomene kann sich diese Gewohnheit (auf andere zu schauen) nun allmählich dahin entwickeln, dass wir mehr auf uns selbst schauen.

Die Sichtweise, dass wir Menschen alle voneinander getrennt sind und danach suchen, wie wir eine Verbindung untereinander herstellen können, kann sich schrittweise auflösen. Stattdessen reift das Weltbild, dass wir alle von vornherein tief miteinander verbunden sind. Wir können nun untersuchen, was zu den momentan vorhandenen (scheinbaren) Trennungen führt und was sie verändern kann.

Meine Erfahrung ist: Je deutlicher ich mir die Verbundenheit zwischen allen Wesen ausmale, je deutlicher ich mir vorstelle, dass ich mit allem auf einer tiefen Ebene in Verbindung stehe, in Resonanz mit allem bin, desto eigenständiger fühle ich mich, desto „freier" folge ich meinen Impulsen und Gefühlen, umso ernster kann ich sie nehmen und umso besser verstehe ich sie.

Sind wir also in einer Aufstellungsgruppe für einen Leitungswechsel offen, kann dies der Aufstellung insofern helfen, dass bestimmte Erwartungen einzelner Personen nicht mehr eine so starke

Bremswirkung auf den Fluss der Aufstellung haben. Sobald eine ihre Leitung abgibt und sich zurückzieht, hat auch ihre Erwartung weniger Einfluss.

Ein weiteres Beispiel für einen Wechsel in der Leitung:

Ich begleitete eine Aufstellung, bei der ich als Organisator frei meinen Impulsen folgen durfte. Die aufstellende Person hatte dies erlaubt. Ab einer bestimmten Stelle blieb die Aufstellung bewegungslos in einem Ungleichgewicht stehen. Keiner in der gesamten Gruppe wusste weiter.

Plötzlich kam mir der Gedanke, dass ich vielleicht weiterhelfen könnte, wenn ich mich in dieser Situation noch einmal mit meinen Träumen auseinandersetzte. Die Träume der vergangenen beiden Nächte hatten mir etwas gespiegelt, was ich bis zu diesem Moment noch nicht verstand.

Es ging darum, dass etwas in mein Elternhaus eindrang und ich dieses Eindringen mit all meinen Kräften und Überlegungen aufhalten wollte. Einmal war es eine Person, die aggressiv die Fenster einschlug, und beim nächsten Mal waren es Massen von Schnecken, Ameisen, Fröschen, die in den Keller eindrangen, und ein Specht, der sich unter der Terrasse riesige Höhlen gebaut hatte.

Ich begab mich also in die Aufstellungssituation und setzte mich neben eine Stellvertreterin. Ohne mich direkt um die Aufstellung zu kümmern, schloss ich die Augen und versetzte mich zurück in meine Träume. Nach einer Weile konnte ich die Eindringlinge zulassen und merkte, dass es genau das war, worum es ging. Ich erkannte, dass hier Aggression integriert werden wollte. Und mit einem Mal wusste ich, dass ich in dieser Aufstellung ab jetzt der Stellvertreter für Aggression war. Ich stand auf, ohne etwas über meine Rolle mitzuteilen, ging durch den Raum, löste als „Aggression" in den anderen StellvertreterInnen unterschiedliche Reaktionen aus, die alle ins Gesamtbild passten, und am Ende konnte mich die aufstellende Person innig umarmen.

Erst jetzt erzählte ich, dass ich ihre Aggression war und sie soeben diesen Teil von sich, diese „Kraft", diese Energieform integriert hatte. Sie war sehr berührt, und wir erkannten alle den Zusammenhang. Denn vor der Aufstellung hatte sie davon erzählt, dass sie viel von ihren Eltern geschlagen worden war.

Nun konnten sich ihre Angst und ihre Unsicherheit gegenüber Aggressionen verringern. Sie fühlte sich ausgeglichener und kraftvoller.

In diesem Prozess bearbeitete ich während einer Aufstellung zuerst ein eigenes Thema, reifte daran, erweiterte so meinen Horizont und konnte anschließend der Aufstellung weiterhelfen. Dadurch, dass ich meine Sichtweise wechselte, vollzog sich hier der „Wechsel in der Leitung" nicht zwischen zwei Personen, sondern innerhalb einer Person. Auch hier zeigt sich, wie die Leitung einerseits einen bremsenden andererseits einen fördernden Einfluss auf die Aufstellung haben kann.

Fühlt also jemand, dass er der Aufstellung einen fördernden Impuls geben könnte, so sollte er – wenn die aufstellende Person den Raum dafür freigegeben hat – seine Idee oder sein Gefühl ausleben und damit kurz die Leitung übernehmen. Anschließend kann er sie wieder abgeben, so dass Raum für einen neuen Impuls entstehen kann, egal ob von der gleichen Person oder von einer anderen.

Ob dies förderlich war, kann daran abgelesen werden, dass sich in der Aufstellung bzw. bei der aufstellenden Person etwas lösend verändert. War der Impuls nicht förderlich, so wurde es wenigstens versucht und eine weitere Erfahrung gemacht.

Ideal ist, einfach in der Gruppe aktiv zu sein, ohne dabei das Gefühl von „Leitung" zu haben. So wird die Aktivität zu etwas Natürlichem. Denn jeder Mensch hat im Grunde auf natürliche Weise eine Leitungsfunktion, wenn er durch eine Handlung oder Äußerung die Aufmerksamkeit anderer Menschen auf sich zieht.

Gruppendynamik als Spiegel

Ein letztes Beispiel zeigt die „Natürlichkeit" von einem Leitungs-wechsel.

In einem meiner Workshops hatte ich einen Aufstellungskollegen zu Besuch, der meine freie Form der Aufstellung kennenlernen wollte. Dabei hatte er große Schwierigkeiten mit dieser offenen und freien Art. Sie erschien ihm zu „beliebig".

Anfangs verließ er während zweier Aufstellungen den Raum, weil er diese scheinbare Beliebigkeit nicht mehr aushielt. Im Laufe des Tages meldete er sich immer häufiger zu Wort und berichtete von seinen Sichtweisen. Er erklärte, wie seiner Ansicht nach Aufstellungen geordneter und damit auch kraftvoller verlaufen könnten, ohne jedoch von der Gruppe oder von mir eine Änderung zu erwarten. Er konnte zwar diese beliebige Art der Aufstellung achten, aber selbst nicht aushalten.

Aufgrund meiner bisherigen Erfahrungen und Rückmeldungen von TeilnehmerInnen wusste ich inzwischen, dass auch beliebige, auf den ersten Blick chaotisch erscheinende und oberflächliche Aufstellungen wertvolle und wirkungsvolle Spiegel sein können. So war es mir möglich, mich durch seine Sichtweise nicht angegriffen zu fühlen und nicht korrigierend eingreifen zu wollen, sondern konnte mir selbst sicher bleiben.

Erstaunlicherweise wurden die Aufstellungen mit dieser Gruppe im Laufe des Tages immer strukturierter und nahmen ansatzweise die Form an, die sich mein Aufstellungskollege eigentlich wünschte: Ein klar bestimmter Leiter begleitet mithilfe seiner Erfahrungen, Kenntnisse und Intuition die Aufstellung. Die StellvertreterInnen sowie die Gruppenmitglieder halten sich mit Äußerungen zurück, melden sich, wenn sie etwas mitteilen wollen, und warten, bis sie vom Leiter gefragt werden. Der Leiter entscheidet, was er beachtet und verwendet, was ausprobiert werden soll, welche Sätze gesprochen werden etc.

Es funktionierte gut. Ich fand mich unter Zustimmung der TeilnehmerInnen immer häufiger in der Rolle des „konstanten" Aufstellungsleiters wieder. Abends erzählte mir mein Aufstellungskollege von seiner Erleichterung.

Es gibt nun verschiedene Interpretationen dieser Situation:

Ich und auch einige TeilnehmerInnen hatten das Gefühl, dass die gesamte Gruppe sich allmählich nach seinen Bedürfnissen ausgerichtet hatte und damit auf ihn Rücksicht nahm.

Er und einige andere TeilnehmerInnen hatten das Gefühl, dass die Gruppe ihrem eigenen Grundbedürfnis nach Basiswissen und Struktur gefolgt ist und ihn (meinen Aufstellungskollegen) dabei als Anregung genutzt hat.

Eine Bekannte sagte mir: „Die Gruppe hat gesehen, dass du dich ihm so achtend gewidmet hast." Ich, als gastgebender Organisator, habe den Wunsch meines Aufstellungskollegen geachtet und mich innerlich bereit erklärt, ihm soweit entgegenzukommen, wie es für mich und für die Gruppe stimmig war. Die Gruppe reagierte auf diesen von mir gesetzten „Rahmen" und folgte.

Oder: Ein Teil der Gruppe war von seinen Sichtweisen begeistert und ist ihm gefolgt, ich habe mich zusammen mit dem anderen Teil der Gruppe angeschlossen.

Auch hier gilt wieder: Jede Interpretation stimmt, jeder hat mit seiner Sichtweise von seinem Standpunkt aus gesehen Recht. Und jeder nimmt nur einen Teil vom Ganzen wahr.

Fragt man sich, welche der beiden Seiten (das „Bedürfnis nach Struktur" oder der „Wunsch, mit dem Aufstellen beliebig umzugehen") am Ende die „Oberhand" behalten hat, so könnte man sagen, dass sich beide vereint haben:

Ein Teil der Gruppe war durch die freie, „beliebige" Art offen und bereit, auf den anderen Teil der Gruppe, der das Bedürfnis nach Struktur hatte, Rücksicht zu nehmen.

Man hat sich flexibel und „freiwillig" dazu entschieden, sich zu strukturieren, denn die Struktur steht der Beliebigkeit ebenso als Wahlmöglichkeit zur Verfügung.

Diese Beispiele zeigen, dass es gar nicht so leicht herauszufinden ist, wer für eine Gruppendynamik eigentlich der „Hauptverursacher" ist und wen oder was sie genau spiegelt.

Meine Theorie dazu ist: Eine Gruppe richtet sich nach dem Gruppenteil, dessen Wunsch (nach einer bestimmten Gleichgewichtsform) momentan am intensivsten ist.

Dadurch wird dieser Wunsch zum „Leiter" der gesamten Gruppe. Es entwickelt sich eine Gruppendynamik, die als Spiegel genutzt werden kann: Man kann an dem Verhalten der Gruppe ablesen, was ihr intensivster Wunsch ist.

Bei dem oben genannten Beispiel konnte man an der entstandenen Struktur der Aufstellung ablesen, dass ein Teil der Gruppe sich intensiv nach Struktur sehnte.

Mit „intensiver Wunsch" ist nicht gemeint, dass dies der häufigste Wunsch ist, der von den meisten Gruppenmitgliedern gewünscht wird, sondern es ist der Wunsch, der am dringlichsten ist. Es ist der Wunsch, der die stärksten Probleme hervorrufen würde, wenn er nicht erfüllt wird.

Berichtet z. B. ein Gruppenmitglied, dass es ihm sehr schlecht gehen würde, wenn ihm ein bestimmter Wunsch nicht erfüllt werde, so ist dies ein dringlicher Wunsch, der aber nur von einer Person getragen wird. Besteht in der Gruppe kein noch dringlicherer Wunsch, wird sie darauf Rücksicht nehmen, um das Ungleichgewicht zu verringern. Oft muss so ein Wunsch nicht einmal ausgesprochen werden, die Gruppe spürt es. Und so ein Gespür ist nicht mehr verwunderlich, nachdem wir nun das Phänomen der „resonierenden Empfindung" kennengelernt haben. – Ich nenne so einen Zusammenhang seit 2016 „Heilungshierarchie" (siehe dazu auch mein kostenfreies E-Book auf www.olaf-jacobsen-verlag.de).

Die gesamte Gruppe unterstützt einen eigenen Gruppenteil (Teilnehmer) in seiner Wunscherfüllung. Oder wenn ein Gruppenteil von einem momentan unerfüllbaren Wunsch noch nicht loslassen möchte, „verschont" die gesamte Gruppe diesen Teil vor der Konfrontation mit Neuem und schützt ihn.

Die Gruppe begleitet den Weg eines Wunsches von einer Teilnehmerin, bis er entweder erfüllt ist oder bis erkannt wurde, dass er unerfüllbar bleibt. Erst dann ist der Weg frei für Neues.

Ein anderes Gruppenmitglied, z. B. eine „offiziell verantwortlicher" Leiterin, kann mit ihrem eigenen Wunsch (z. B. eine Teilnehmerin mit ihrem Ungleichgewicht zu konfrontieren) die Gruppe an solch einer einheitlichen Ausrichtung hindern und ihren eigenen Wunsch als dringlicher einstufen. Bei diesem Konflikt zwischen zwei Wünschen innerhalb einer Gruppe muss jede Einzelne nun entscheiden, was für sie selbst Priorität hat. Diese Entscheidung kann als Spiegel dienen. Wie ist die Dynamik zwischen den Wünschen? Wie ist die Dynamik in der Gruppe? Tauchen nun weitere Wünsche auf, z. B. nach Integration beider Seiten? Was könnte diese Dynamik außerdem noch spiegeln?

Das Ergebnis, also die letztendliche Dynamik einer Gruppe, ist immer ein Gleichgewicht zwischen allen vorhandenen Wünschen. Dazu kann auch gehören, dass die Gruppe auseinanderfällt, wenn

Wünsche nicht vereint werden können oder die Rangfolge der Wünsche nicht klar ist.

Auf diese Weise kann die Gruppendynamik als Spiegel der in der Gruppe vorhandenen Wünsche genutzt werden.

„Aufstellen" ist nichts anderes. In einer Aufstellung spiegeln sich die unerfüllten Wünsche verschiedener Systemteile. Und das System reagiert am stärksten auf den intensivsten Wunsch, auf den heftigsten Ausschluss, auf das schlimmste Ungleichgewicht einzelner Systemelemente. Mithilfe der Aufstellung suchen wir nach der Erfüllung dieser Wünsche und damit nach der Integration der Systemteile, die zur „Stabilisierung" des gesamten Systems führen kann. Dazu dient die innere Haltung: „Auch du gehörst dazu, so wie du bist. Du gehörst zu uns. Du bist ein Teil von uns. ... und auch das gehört dazu."

So ist es mit allen Systemen. Gibt es einen intensiven Wunsch in einem System (auch unbewusster Art), so unterstützen alle Systemteile den Weg zur Erfüllung. Existieren parallel mehrere dringliche Wünsche, entstehen Auseinandersetzungen und das System teilt sich in unterschiedliche Richtungen auf (setzt sich „auseinander"), entsprechend diesen Wünschen. Eine Integration findet auf der Ebene statt, in der alle Richtungen als dazugehörig anerkannt werden können („Jeder hat Recht, jeweils von seinem Standpunkt aus gesehen").

Für mich ist das Geniale an Aufstellungen und Gruppendynamiken, wie „perfekt" eine Gruppe für die Erfüllung oder Spiegelung mehrerer Wünsche gleichzeitig sorgt. Das erkennt man z. B. daran, dass durch Aufstellungen nicht nur das Problem der aufstellenden Person in ein besseres Gleichgewicht bewegt wird, sondern dass die Stellvertreter durch ihre Erfahrung in der Rolle oft gleichzeitig eine eigene Problematik bearbeiten.

Dabei kann ein gastgebender Organisator erleben, dass sich zu seinem Seminar genau die Personen anmelden, die seiner eigenen

Problematik entsprechen und dazu passende Probleme mitbringen. Befindet sich ein Organisator z. B. in seiner privaten Situation gerade im Konflikt mit einer Partnerin, wird er im Seminar erleben, dass die TeilnehmerInnen tendenziell Problematiken mitbringen, die mit Partnerschaften und ähnlichen Konflikten zu tun haben.

Wie ein Puzzle passt alles zusammen.

... und auch das gehört dazu und ist stimmig so, wie es ist.

Die Wünsche der Gruppenmitglieder
beeinflussen die Gruppendynamik.
Die Gruppendynamik beeinflusst die Wünsche ihrer Mitglieder.

Oder: In der Gruppendynamik kann man
die Gesamtheit der Wünsche der Gruppenmitglieder ablesen.
In den Wünschen der Gruppenmitglieder kann man
den momentanen Zustand der Gruppendynamik ablesen.

Auf Systeme übertragen:

Die Wünsche der Systemelemente beeinflussen die Aufstellung.
Die Aufstellung beeinflusst die Wünsche der Systemelemente.

Oder: In der Aufstellung kann man
die Gesamtheit der Wünsche der Systemelemente ablesen.
In den Wünschen der Systemelemente kann man
den momentanen Zustand der Aufstellung
(oder des Systems) ablesen.

Damit Gruppenmitglieder einerseits nicht wahllos bestimmten Gruppendynamiken ausgeliefert sind und andererseits vorhandene Dynamiken frei und gezielt spiegeln können, gilt hier

Regel 3:
Jede(r) hat das Recht, Fehler zu machen, das Recht, die eigene Auffassung zu ändern, und das Recht, in jedem Moment den Raum zu verlassen.

Zu der Formulierung dieser Regel wurde ich durch eine entsprechende Sichtweise des chilenischen Wissenschaftlers und Biologen Humberto R. Maturana angeregt. Im Gespräch mit Bernhard Pörksen („Vom Sein zum Tun", 2002, S. 51) erläutert er: „Denn wer Fehler machen darf, der kann sich korrigieren. Wer das Recht besitzt, seine Meinung zu ändern, der kann nachdenken. Wer immer auch aufstehen und gehen könnte, der bleibt nur auf eigenen Wunsch."

Die aufstellenden TeilnehmerInnen leiten

Die Möglichkeit des Wechsels in der Leitung (in der Ideengebung) einer Aufstellung wird besonders durch die Sichtweise unterstützt, dass jeder die Verantwortung für sich selbst trägt.

Jede Teilnehmerin, die die Leitung kurzzeitig übernommen und ihre Ideen mitgeteilt hat, kann sie zu jedem Zeitpunkt der Aufstellung leichter wieder abgeben, wenn sie sich bewusst ist, keine Verantwortung für andere zu haben. Der „Druck", sich um ein anderes Gruppenmitglied kümmern zu müssen, kann sich in ein unverbindliches Hilfsangebot verwandeln. Dabei behält man immer die Wahl, ob man diese Hilfe anbieten möchte und wann man sie beendet.

Dieser freie Wechsel ist jedoch nicht allein kennzeichnend für eine Freie Aufstellung. Freier wird sie erst dadurch, dass die aufstellende Teilnehmerin selbst frei entscheiden kann, in welcher Form ihre Aufstellung ablaufen soll (soweit sie Kenntnisse über die Möglichkeiten besitzt).

- Wünscht sie eine Freie Aufstellung, an der alle gemeinsam arbeiten, in wechselnden Leitungsrollen, ohne einen festen Aufstellungsleiter?

- Wünscht sie, die Aufstellung selbst zu führen, den StellvertreterInnen Fragen zu stellen, auszuprobieren, was besser wäre, was lösen könnte, was hilft und was bewegt?

- Wünscht sie, dass alle StellvertreterInnen schweigend ihren Bewegungsimpulsen folgen?

- Wünscht sie, dass die beobachtende Gruppe sich heraushält und nur die StellvertreterInnen aktiv sind?

- Wünscht sie, sich selbst einmal an verschiedene Standpunkte von StellvertreterInnen zu stellen, um die Gefühle dort kennenzulernen und auf ihre Weise nachzuvollziehen?

- Wünscht sie, dass die Aufstellung nach traditioneller Art von einem festen Aufstellungsleiter begleitet und geführt wird und dass dieser empfiehlt, was günstigstenfalls zu tun wäre?

- Wünscht sie sich eine andere Form von Aufstellung (z. B. „Familienstellen nach Bert Hellinger" oder eine „Strukturaufstellung nach Varga von Kibéd und Sparrer" oder eine „Organisationsaufstellung")?

- Wünscht sie, von einer erfahrenen Person darüber unterrichtet zu werden, wie diese anderen Formen funktionieren könnten?

- Wünscht sie, während der Aufstellung zwischen verschiedenen Formen zu wechseln?

Durch ihre Wünsche wird die aufstellende Person zum „Hauptverursacher" für die Gruppendynamik und den Verlauf der Aufstellung. Die Gruppe richtet sich nach ihren Wünschen und Bedürfnissen nach Gleichgewicht. Die Aufstellung wird zum klaren Spiegel der aufstellenden Person und kann dementsprechend genutzt werden. Dadurch holt die Aufstellung die Aufstellende genau auf der Ebene ab, auf der sie sich gerade befindet.

Regel 4:

Die Entscheidung, in welcher Form eine Aufstellung abläuft und ob jemand Entscheidungen übernimmt, liegt bei der/dem aufstellenden TeilnehmerIn.

Auf diese Weise wird in den Freien Systemischen Aufstellungen eine Situation ausgeschlossen, bei der ein gastgebender Organisator oder ein Leiter ungefragt Entscheidungen für den Teilnehmer trifft.

Ein Teilnehmer kann immer selbst wählen, ob jemand eine konstante Leitung übernimmt (wobei jeder gewählte Leiter diese Aufgabe auch freundlich ablehnen darf). Und jeder trägt allein die Verantwortung für seine Entscheidungen.

Regel 5:

Jede(r) trägt Verantwortung nur für sich allein, sorgt für sich selbst und kümmert sich um die Erfüllung ihrer/seiner eigenen Wünsche. Niemand trägt Verantwortung für eine(n) andere(n).

Es gibt bei den Freien Systemischen Aufstellungen einen positiven Nebeneffekt: Je klarer jeder seine Verantwortung bei sich selbst sieht, desto fließender kann sich die Aufstellung entfalten. Je bewusster sich jeder seiner Autonomie ist, desto intensiver kann die Energie in der Gruppe sein. Denn in zunehmendem Maße, wie jeder dazu bereit ist, die leitende Funktion auch wieder abzugeben (weil er keine Verantwortung für andere trägt), wächst die Flexibilität in der Gruppe. Sie kann daher schneller und vor allem klarer auf die momentane Situation reagieren und helfen.

Leitung heißt in diesem Zusammenhang nicht „Führung" oder „Forderung", sondern „Impulsgebung" oder „Ideengebung" (= die Aufmerksamkeit der Gruppe auf seine eigenen Ideen lenken).

Genau aus diesem Grund ist es für jeden möglich, diese freie Form der Aufstellung anzubieten und als GastgeberIn und OrganisatorIn zu organisieren, denn es gibt viele Impulse oder Ideen aus der Gruppe.

Ein Chaos in der Gruppe ist stimmig
oder: Das leitende Durcheinander

Wenn ein Teilnehmer für seine Aufstellung keine konstante Leitung wählt und selbst nicht sehr aktiv ist, was geschieht, wenn mehrere Gruppenmitglieder gleichzeitig die Leitung übernehmen wollen und beginnen, sich auseinanderzusetzen? Oder wenn sich einige TeilnehmerInnen in eine Diskussion über die Aufstellung verstricken?

Dann hat die „Diskussion" die Leitung.

Besteht die „Gefahr", dass die Gruppe wegen ihrer unterschiedlichen Wünsche endgültig auseinanderbricht, dann kann die gastgebende Organisatorin schlichtend eingreifen und das Chaos „organisieren". Vielleicht findet sie eine Ebene, auf der eine Integration der unterschiedlichen Standpunkte stattfinden kann (z. B. mit dem Hinweis, dass gerade jeder Recht hat und damit ein Teil der ganzen Wahrheit darstellt ...). Ansonsten gehört auch das Scheitern der Gruppe dazu.

59

Regel 6:

Die/der gastgebende OrganisatorIn entscheidet aus eigenem Gefühl, wann sie/er organisierend eingreift und wie sie/er ein Ungleichgewicht in der Gruppe ordnet.

Vielleicht kann auch die „Gefahr" von ausufernden Diskussionen von Beginn an verringert werden, wenn sich jeder Teilnehmer bewusst ist, dass er nur ein „Realitäten-Kellner" darstellt. Ein Realitäten-Kellner bietet jemandem eine oder mehrere Realitäten an, und der andere darf wählen, was ihm gefällt oder nützt.

Bei einer Aufstellung ist derjenige Gedanke, Satz oder Schritt passend, durch den sich etwas Entscheidendes bei der aufstellenden Person, ihre eigenen Stellvertreterin oder bei anderen StellvertreterInnen verändert. Man braucht also nur auf die inneren oder äußeren Bewegungen und Reaktionen der beteiligten Personen der Aufstellung zu achten. Hilft es oder hilft es nicht?

Regel 7:

Der aufstellenden Person und ihrer Aufstellung hilft, was Veränderungen so auslöst, dass die aufstellende Person es als Lösung empfindet. Wenn sie jedoch kaum auf die angebotene Hilfe reagiert, war es keine.

Jeder Teilnehmer ist ein Realitäten-Kellner und bietet der Aufstellung seine eigene Realität an. Dabei ist es unwichtig, von wem ein helfender Impuls ausgeht. Es kann die aufstellende Person selbst sein, eine Stellvertreterin, eine Beobachterin, der gastgebende Organisator oder auch ein scheinbar störender Zwischenfall.

Eine Bekannte sagte zu mir: „Manchmal wird aus einem Chaos ein Stern geboren."

Entsteht während einer Aufstellung eine unkontrollierte Diskussion in der Gruppe, kann die gastgebende Organisatorin der aufstellenden Person die „Realität" anbieten, dass diese Situation ein Spiegel des aufgestellten Themas sein könnte. Die entstandene Diskussion kann ein wichtiger Hinweis sein. Man kann gemeinsam nach einem Zusammenhang zwischen der Dynamik der Gruppe und dem Thema suchen. Ein Chaos in der Aufstellung oder der Gruppe ist meistens ein hilfreicher Impuls und kann durchaus dazugehören. Oft habe ich erlebt, dass die aufstellende Person dieses Chaos sehr gut kannte, entweder innerhalb der eigenen Familie oder in sich selbst. Und so konnte sie als „Hauptverursacherin" dieser Gruppendynamik identifiziert werden und die Situation wurde für sie zum Spiegel.

Wird für dieses Chaos in der Gruppe eine Lösung gefunden, kann die Lösung wiederum als „Vorbild" oder Anregung für die private Situation der aufstellenden Person dienen.

Die Gruppe besitzt eine tiefe Weisheit

Die freie Aufstellungsform mit absoluter Eigenverantwortung der Gruppenmitglieder hat noch eine weitere Wurzel, wie nachfolgendes Beispiel zeigt:

Eine Freundin von mir nahm an einem meiner kostenlosen Wochenend-Workshops teil. Sie hatte sich überlegt, eine Aufstellung zu machen. Am Samstagvormittag war es für sie noch nicht stimmig aufzustellen und den Nachmittag wollte sie spontan allein verbringen und zog sich zurück. Als ich sie abends traf, erlebte ich sie als sehr ausgeglichen und zufrieden. Sie erzählte, dass sie eingeschlafen war und von einer Aufstellung träumte, in der es um das Thema „Angst" ging. Ihr wurden im Traum bestimmte Hinweise gegeben, die zu einem Lösungsbild führten, in dem sie ihre Angst integriert hatte und im Arm hielt. Andere Elemente, die mit dieser Angst in Verbindung waren, standen weit weg und wurden nicht mehr benötigt. Der Traum hatte eine lösende Wirkung.

Diese Erfahrung bestätigte mir, dass jeder Einzelne die „Weisheit", die er benötigt, bereits in sich hat, bzw. in tiefer Verbindung mit der universellen Weisheit steht. Im Traum spielte ich als Ideengeber zwar eine Rolle, doch den Traum hatte sie selbst erschaffen. Ihr eigenes Unterbewusstsein hatte bekannte Elemente genommen und sie passend zu diesem Traum geformt.

In einer Gruppe verwandelt sich diese individuelle Weisheit zur Weisheit der Gruppe, wenn jeder den Raum erhält, so zu handeln, wie es gerade in ihm als Wunsch auftaucht. Gelerntes Wissen ist keine zwingende Voraussetzung, um passende Lösungsvorschläge zu unterbreiten. Es genügt oft die Intuition.

Regel 8:

Eine Aufstellung wird von der inneren Weisheit der gesamten Gruppe begleitet.

Wenn sich diese Sichtweise weiterverbreitet, wird jeder mehr und mehr das Vertrauen entwickeln, auf seine eigene innere Weisheit zu hören. Durch die Aufmerksamkeit auf sie kann sie sich entfalten und wird immer klarer, wie eine selbsterfüllende Prophezeiung.

Gleichzeitig wird die Weisheit der Gruppe scheinbar begrenzt durch die inneren Grenzen der aufstellenden Person. Manchmal weiß die Gruppe während einer Aufstellung nicht weiter, doch das hat seinen Sinn. Meine Erfahrung ist: Es zeigt sich oft nur das in der Gruppe, was die aufstellende Person in dem Moment bereit ist wahrzunehmen. Weiß niemand in der Gruppe weiter, dann ist dies genauso eine Weisheit der Gruppe: Sie nimmt die Grenze wahr. Hat die Gruppe eine integrierende Dynamik, dann richtet sie sich nach dem

Element mit dem dringlichsten Wunsch und schont es vor unnötigen Ungleichgewichten und „zu großen" Lösungsschritten.

Manchmal wird diese Grenze überschritten und dem Teilnehmer ein Zusammenhang oder eine Lösung gezeigt, für die er noch gar nicht bereit ist. Doch er wird auch dann nicht hinschauen. Man kann an seinem Verhalten ablesen, dass er wegschaut, ablenkt oder die Lösung bei ihm nicht „ankommt".

Es stellt sich hier die Frage, ob eine Aufstellung überhaupt noch eine Lösung bieten kann. Die Antwort: Nur, wenn die aufstellende Person zu dieser „Lösung" bereit ist. Es ist nicht die Aufstellung, die etwas löst, sondern es ist die aufstellende Person, die für sich selbst etwas löst – mithilfe einer Aufstellung.

Das ist Autonomie pur.

Eine gute Freundin, Jacqueline Schwindt, schlug mir eine Formulierung für meinen Flyer vor, mit dem ich für meine Workshops werbe:

„Die Eigenverantwortung ist für das Freie Aufstellen eine wichtige Voraussetzung, weil dadurch die Grenzen eines jeden Teilnehmers geschützt bleiben. Sie bietet einen Selbstschutz sowohl für die aufstellende Person als auch für die Stellvertreter. Die Aufstellungen sind nur so intensiv, wie es für die aufstellende Person stimmt. Lösungen zeigen sich nur so weit, wie sie tragbar sind. Für die StellvertreterInnen erleichtert sowohl die Eigenverantwortung als auch das Freie Aufstellen den Umgang mit den gespielten Rollen."

Tiefe Lösungen sind möglich, jedoch nur, wenn der Raum bei der aufstellenden Person dafür da ist.

Das Spektrum bei den Freien Aufstellungen ist sehr groß.

Impulse haben keine Quelle

Sollte eine Gruppenteilnehmerin schon viele Erfahrungen in der Arbeit mit Lösungsimpulsen haben und eher auf integrierende (statt trennende und ausschließende) Weise denken, kann es sein, dass sie öfter die Leitungsfunktion trägt als andere Gruppenmitglieder, weil die Aufstellungen von ihr viele passende Impulse erhalten können. Auch die gastgebende Organisatorin könnte diese Rolle haben.

Gerät jemand auf diese Weise mehr in den Mittelpunkt als andere, werden die Ideen der übrigen nicht unbedingt ausgeschlossen. Jeder kann nach seiner Sichtweise „korrigierend" oder „ergänzend" eingreifen und damit einen weiteren Impuls beisteuern.

Ich habe auch schon öfter erlebt, dass andere auf eine Idee von mir mit den Worten reagierten: „Ja, das habe ich auch gerade gefühlt." Manchmal wird jemand zum Impulsgeber für die Gefühle der anderen, die diese Impulse zwar selbst fühlen, aber nicht ausleben. Genauso kann es sich ergeben, dass alle etwas Ähnliches fühlen, und einer spricht es aus oder handelt – stellvertretend für die anderen.

Eine Übereinstimmung mehrerer TeilnehmerInnen im Gefühl, welcher Impuls gerade angebracht wäre, kommt wesentlich häufiger vor, als wir denken. Meistens gehen wir von der Vorstellung aus, dass jeder eine andere unterschiedliche Meinung hat.

Scheinbar schwingen wir bei Aufstellungen alle gemeinsam in einer ähnlichen Resonanz, so dass viel häufiger übereinstimmende Gedankengänge und Gefühle in der Gruppe zu entdecken sind als im normalen Alltag. Doch das muss immer wieder überprüft werden.

Damit alles im Fluss bleibt ist es wichtig, dass jeder zu jedem Zeitpunkt von seiner momentan angenommenen Leitungsfunktion wieder loslassen kann, sobald ein neuer Impuls auftaucht. Kann er es jedoch nicht, so gehört selbst das dazu und könnte ein wichtiger Hinweis auf etwas sein.

Regel 9:

Jede(r) ist LeiterIn einer Aufstellung, sobald sie/er ihrem/seinem Hilfsimpuls durch Worte oder Handlung Ausdruck verleiht. Das Festhalten, das Loslassen der Leitung und der Rückzug sind weitere Impulse.

Den wichtigsten Einfluss auf eine Aufstellung hat jedoch immer die Person, die ihr Anliegen aufstellt. Sie gibt bewusst und unbewusst, innerlich und äußerlich Raum oder setzt Grenzen für das, was sie sehen, erkennen und lernen möchte.

Verschließt sich jemand auf einer bestimmten Ebene, z. B. weil er sich noch schützen muss, so ist dies für alle anderen vor allem durch Energielosigkeit spürbar: Kaum einer wird kraftvolle Impulse fühlen können, die der verschlossenen Person helfen. Man erlebt „Vergeblichkeit". Selbst gastgebende OrganisatorInnen oder SeminarleiterInnen können solche Grenzen oft nicht überschreiten.

Der dazu passende Impuls ist, seiner Energielosigkeit und Lustlosigkeit zu folgen und nichts anders zu tun, als sich zurückzuziehen. Auf diese Weise wird die Situation direkt gespiegelt.

Seitdem ich das weiß, kann ich meine manchmal auftauchende Lustlosigkeit bei Aufstellungen viel ernster nehmen und lebe sie jedes Mal klar und freundlich aus, ohne sie selbst als unhöflich zu empfinden oder zu verstecken. Dadurch erhalte ich oft wieder meine eigene Energie zurück.

Ich fasse am Schluss dieses Kapitels zusammen:

Es gibt einen Gastgeber und Organisator, der Freie Systemische Aufstellungen organisiert. Seine Aufgabe ist die äußere Organisation: Er kommt als erster und geht als letzter. Gleichzeitig übernimmt er als Organisator auch einen Teil der inneren Organisation: Er passt auf, dass die aufstellende Person immer Chefin ihrer Aufstellung bleibt. Bei einem Durcheinander in der Gruppe kann er es auf seine Weise ordnen oder als Hinweis für die Aufstellung anbieten. Ebenso kann er eine Aufstellung zeitlich begrenzen und beenden. Durch eine achtungsvolle Haltung bietet er der Gruppe einen Rahmen von Geborgenheit und stärkt damit eine Gruppendynamik, die einzelne TeilnehmerInnen unterstützen kann.

Jede Teilnehmerin kann frei entscheiden, ob sie sich in diesen Rahmen begibt, sich geborgen fühlt, den Rahmen erweitert, die Organisatorin anerkennt, sich in die Gruppe integriert oder von ihr distanziert. Sie kann ihre eigene Aufstellung frei gestalten, sie selbstständig beenden oder eine übernommene Stellvertreterrolle jederzeit wieder abgeben und sich daraus zurückziehen.

Wenn die aufstellende Person ihre Aufstellung nicht nur alleine leiten möchte, sondern den Raum öffnet, kann sich ihre Aufstellung durch die gemeinsame Leitung von allen Gruppenmitgliedern entfalten. Jeder, der einen Impuls hat und ihn auslebt, besitzt in dem Moment die Leitungsfunktion und bietet seine Realität an. Er führt so lange, bis klar ist, dass sein Impuls zu Ende ist, er nicht mehr hilft, nicht mehr weiterweiß oder die nächste Teilnehmerin einen neuen Impuls gibt.

In der Gruppe suchen alle gemeinsam nach dem besten Vorschlag. Ziel ist ein neues Gleichgewicht in der Aufstellung. Dieses Gleichgewicht kann sich in den zufriedenen Äußerungen der StellvertreterInnen zeigen. Oder diejenige Person, die ihre Frage aufgestellt hat, teilt mit, dass sie genug gesehen hat, erst einmal alles verarbeiten möchte, und beendet dadurch die Aufstellung.

Als Ausnahme gilt: Die aufstellende Person entscheidet sich für eine Aufstellungsform, die von einem konstanten Leiter geführt wird. Diesen Leiter kann sie eigenverantwortlich aus der Gruppe aussuchen und er entscheidet auch über den Umgang und das Ende.

Unabhängig davon, wer Impulse auf welche Weise ausdrückt, kann jeder Impuls als dazugehörig gesehen und als Spiegel genutzt werden. Kein Impuls hat seinen Ursprung in nur einer Person, sondern ist eine Reaktion auf das Ganze. Deshalb heißt die Überschrift dieses Abschnitts: „Impulse haben keine Quelle". Sie entspringen nicht aus einem einzigen Punkt. Sie zeigen sich oft in einer Person, doch diese Person reagiert meistens nur als erste – vor allen anderen – auf ein Gefühl, das genauso in den anderen Personen vorhanden ist. Sie war mit diesem Gefühl am stärksten in Resonanz und hat es ausgedrückt. Wäre dies nicht passiert, so wäre dieser Impuls irgendwann bei einem anderen Menschen zum Vorschein gekommen.

Ein aktiver Impuls ist eine Reaktion auf das Ganze. Als solches hat er oft eine Bedeutung, ein Ziel, einen Wunsch.

Jedem bleibt frei, diese Bedeutung zu entschlüsseln, den Wunsch zu erfüllen oder es auf sich beruhen zu lassen.

II

Der Ablauf
einer Freien Aufstellung

In diesem Kapitel zeige ich, wie die Freien Systemischen Aufstellungen ablaufen oder wie sie gestaltet werden können. Dabei kann sie jeder anders entstehen lassen oder entwickeln. Entscheidend ist immer: Wie fühlt man sich wohl?

Wer beginnt?

Als Organisator fange ich mit einer Vorstellungsrunde an, in der jeder seinen Namen nennt und mitteilt, ob er aktiv aufstellen oder nur zuschauen möchte. In meinen Workshops wird allgemein das „Du" angeboten. Wer gesiezt werden möchte, kann dies signalisieren, indem er seinen Nachnamen sagt und andere ebenfalls siezt.

Während meiner Einführung in die freie Aufstellungsform empfehle ich, jederzeit Fragen zu stellen, selbst mitten in einer Aufstellung. Es gibt nichts Störendes – alles gehört zunächst einmal dazu.

Anschließend wird geklärt, wer mit dem Aufstellen beginnen kann. Wenn mehrere Personen aktiv aufstellen wollen, schreibe ich ihre Namen auf Zettel und mische sie. Eine Freiwillige spielt „Glücksfee" und wählt nach ihrem Gefühl einen Zettel aus. Auf diese Weise wird ausgelost. Glücksfee kann jeder sein, selbst die Person, deren Name auf einem der verdeckten Zettel steht. Vielleicht schafft sie es ja, sich selbst zu ziehen?

Nach einer Aufstellung wird die Nächste gezogen. Inzwischen bin ich dazu übergegangen, diejenige, die zuletzt aufgestellt hat, ihren Nachfolger ziehen zu lassen. Auf diese Weise beendet sie noch einmal symbolisch ihre eigene Aufstellung und gibt den Raum weiter.

Gelost wird so lange, bis alle an der Reihe waren oder die Zeit vorbei ist. Konnte an einem Tag jeder sein Anliegen aufstellen und ist noch Zeit, so ist der Raum frei für Leute, die vielleicht später gekommen sind, oder die zuerst nicht aufstellen wollten und nun doch ein Thema bearbeiten möchten. Bei mehreren InteressentInnen beginnt das Ritual mit dem Auslosen von vorne.

Regel 10:

Haben mehrere Personen den Wunsch nach einer Aufstellung, kann ausgelost werden, wer beginnt.

Wenn jemand dringend aufstellen möchte, das Los aber auf einen anderen fällt, kann dies für den Pechvogel eine wichtige Chance bieten. Denn manchmal können vorausgehende Aufstellungen anderer Personen hilfreich sein, vielleicht sogar notwendig, um anschließend die eigene Aufstellung besser verstehen zu können.

In einem Workshop ergab sich die Situation, dass eine ausgeloste Teilnehmerin ihr Recht aufzustellen an jemand anderen weitergab. Sie persönlich empfand es als wichtiger, dass der andere zuerst drankam. „Zufällig" zog dieser andere Teilnehmer beim späteren Auslosen den Zettel von der Frau, die ihm den Vorrang gegeben hatte, und so konnte sie doch noch aufstellen. Auf diese Weise fand ein gerechter Ausgleich statt. Ich sah wieder einmal: Alles, was passiert, hat einen sinnvollen Zusammenhang, stellt ein Gleichgewicht dar. Die universelle „ausgleichende Dynamik" spielt im Leben immer wieder eine Rolle.

An einem anderen Workshop nahmen u. a. zwei Schwestern teil, die nur am Vormittag anwesend sein konnten und aufstellen wollten. Es war Zeit für zwei bis drei Aufstellungen und das Losverfahren musste zwischen sieben TeilnehmerInnen entscheiden. Das Ergebnis: Beide wurden gezogen und konnten aufstellen.

Dieses Losverfahren ist dadurch entstanden, dass bei meinen kostenlosen Workshops die Beschränkung der Teilnehmerzahl von der Größe des Raumes abhängt und im Grunde jeder aufstellen kann. In kleinen Gruppen oder bei Seminaren, in denen die Zahl der aufstellenden Personen klar begrenzt wird, ist meist kein Auslosen notwendig. Es ergibt sich von allein oder die TeilnehmerInnen einigen sich.

Erläutern des eigenen Anliegens

Ich beschreibe in diesem Kapitel den möglichen Ablauf einer Freien Aufstellung mithilfe eines Beispiels: Eine Teilnehmerin ist soeben ausgelost worden. Nun hat sie die Wahl, ob sie ihr Anliegen ausführlich, kurz oder auch gar nicht erzählt.

Wie mir die Erfahrung gezeigt hat, funktioniert die resonierende Empfindung von StellvertreterInnen selbst dann, wenn zu Anfang nichts erzählt wird, wenn keiner weiß, worum es geht, und wenn die StellvertreterInnen nicht wissen, wen oder was sie darstellen. Die aufstellende Person denkt sich nur innerlich, wer welche Rolle vertritt, ohne den StellvertreterInnen ihre Rolle zu verraten.

Dieses Phänomen ist eine weitere Wurzel der Freien Systemischen Aufstellungen, die sich auch in vielen anderen Aufstellungsformen wiederfinden lässt. Matthias Varga von Kibéd erzählte in einem seiner Workshops im Mai 2003 in Würzburg von seiner Erfahrung, dass die Körperempfindungen bei StellvertreterInnen sogar deutlicher werden, wenn sie nicht wissen, wen oder was sie gerade vertreten. Kein Wunder: Es bleibt ja auch nichts mehr zu denken und zu interpretieren übrig. Man kann kein Vorurteil entwickeln, wenn man nicht weiß worüber. Und so lenkt man seine Aufmerksamkeit verstärkt auf die eigenen Körperempfindungen.

Diese Form des verdeckten Aufstellens kann sehr hilfreich sein, da niemand in Versuchung gerät, etwas zu deuten. Die aufstellende Teilnehmerin weiß Bescheid und kann für sich allein die Situationen und Zusammenhänge der Aufstellung interpretieren.

73

Besonders bei „privaten" Aufstellungen im Bekannten-, Freundes- und Familienkreis oder auch in einer Teamaufstellung mit Arbeitskollegen kann ein verdecktes Verfahren sinnvoll sein.

Inzwischen empfehle ich bei meinen Workshops, von Anfang an verdeckt aufzustellen. Dies hat den Vorteil, dass die aufstellende Person viel direkter die Erfahrung machen kann, wie stimmig die resonierenden Empfindungen funktionieren. Das Vertrauen in diese menschliche Wahrnehmungsfähigkeit kann dadurch schneller wachsen.

Wenn jemand verdeckt aufstellen möchte, sich jedoch unsicher ist, was für StellvertreterInnen er bei seiner Problematik benötigt, kann man ihm als OrganisatorIn anbieten, sich kurz im Nebenraum zu zweit zu beraten. So ist nur die Organisatorin eingeweiht – und die Gruppe einschließlich der noch zu wählenden StellvertreterInnen bleibt ahnungslos. Früher habe ich diese Möglichkeit als Organisator angeboten – heute mache ich es nicht mehr, weil es mir unangenehm ist, nicht auf dem gleichen (Un-)Wissensstand der übrigen Gruppe zu stehen. Jede Organisatorin ist frei, es so zu machen, wie sie es als stimmig empfindet.

Es kann ebenso nützlich sein, wenn alle über die Situation und ihre Rollen informiert werden (dies könnte auch erst während der Aufstellung geschehen). Manche Interpretation eines Stellvertreters oder Organisators hat schon entscheidende Veränderungen eines Problems anregen können.

Ich erlebe öfter, dass zu Beginn das Anliegen und die Rollen unbekannt bleiben und erst in dem Moment, in dem die Aufstellung zu stagnieren scheint und niemand mehr weiterweiß, die Rollen und die Situation erklärt werden. Die StellvertreterInnen können daraufhin noch deutlicher ihre Positionen bekräftigen, bestimmte Zusammenhänge erklären und finden sich in ihren Gefühlen bestätigt. Oft ergibt sich daraus auch eine lösende Erkenntnis, die bis dahin noch gefehlt hat.

Manchmal verändern StellvertreterInnen nach einer Aufdeckung auch ihr Verhalten. Ob das an ihren jetzt möglichen Deutungen der Rolle liegt oder eine andere Ursache hat, muss immer wieder neu beobachtet werden.

Regel 11:

Jede(r) hat die Wahl, ob und wie sie/er ihr/sein Anliegen erläutert. Es besteht auch die Möglichkeit, es vollständig zu verschweigen oder es erst später während der Aufstellung zu erklären.

Wenn die Teilnehmerin sich dafür entscheidet, zu Beginn vor der Gruppe ihr Anliegen zu erzählen, sich dabei auch tendenziell an den gastgebenden Organisator wendet, sollte sie davon ausgehen, dass dieser es als indirekte Aufforderung zu einem Gespräch annimmt. Er kann ihr bereits durch seine Reaktion einige Aspekte des Problems spiegeln und vielleicht schon den einen oder anderen Veränderungsvorschlag anbieten.

Auch hier liegt die Verantwortung bei der Teilnehmerin: Geht es ihr nur um die reine Mitteilung ihres Anliegens oder wünscht sie sich schon am Anfang ein anregendes Gespräch darüber? Wenn sie in ihrem Anliegen von anderen lediglich verstanden werden will, aber kein Gespräch darüber wünscht, sollte sie das deutlich machen.

Regel 12:

Jede(r) hat die Wahl, ob sie/er mit einer Person ein Gespräch über ihr/sein Anliegen beginnt. Geht ihr/ihm das Gespräch zu weit, kann sie/er es jederzeit beenden.

Ein Gespräch kann interessante Vorteile haben und bereits Anregungen für die Teilnehmerin bringen. Es kann nach einer Weile aber auch störend wirken, sobald die Teilnehmerin keinen Sinn in einer weiteren Diskussion mehr empfindet oder das Gefühl erhält, dass andere sie während des Gesprächs von etwas überzeugen wollen. Dann kann sie eigenverantwortlich und selbstständig aus der Diskussion wieder aussteigen und sagen: „Stopp. Ich will jetzt erst einmal aufstellen, und dann schauen wir weiter."

Gelingt ihr das nicht, obwohl sie es eigentlich gerne möchte (z. B. aufgrund von Befangenheit), so kann sie diese Blockade anschließend als „Problem" formulieren und ebenfalls aufstellen. Ein spontaner Anliegenwechsel ist immer möglich.

Diese Situation bietet ihr in jedem Fall eine Chance, eigenverantwortlich mit ihren Unsicherheiten vor der Gruppe umzugehen.

Manchmal wird zu langes „Gerede" von anderen abgewertet: In einem meiner Workshops gerieten während einer Aufstellung die StellvertreterInnen, der aufstellende Teilnehmer und ich schnell in ein intensives Gespräch über die gesamte Situation. Es dauerte so lange, dass andere TeilnehmerInnen bereits ungeduldig wurden und darauf warteten, dass die Aufstellung endlich weitergeht. Zwar unterbrach niemand, jeder achtete den Verlauf der Aufstellung, doch hinterher teilten mir manche ihre Unzufriedenheit über dieses ständige „Gerede" mit. Der Teilnehmer selbst jedoch erzählte mir, dass er über die Möglichkeit eines solchen Gespräches und wortreichen Austausches während seiner Aufstellung positiv überrascht war. Es hätte ihm sehr geholfen und er war dankbar für diese Offenheit.

Einige Zeit später wurde mir noch eine mögliche Dynamik bewusst, die hinter dieser Gesprächsform stecken könnte, denn es passierte immer wieder mal, wenn er aufstellte. Ich nahm an, dass er beim Diskutieren am intensivsten mit den Menschen in Kontakt war. Und das tat ihm sehr gut. Es hatte für ihn etwas Verbindendes. Als ich es ansprach, bestätigte er mir meine Vermutung.

Die Gruppe folgt dem Wunsch, der am dringlichsten ist und der einen Vorrang erhält …

Meine Erfahrung ist, dass das Freie Aufstellen ein wunderbarer Spiegel für die aufstellende Person sein kann, egal, wie es verläuft.

Aussuchen und Aufstellen von StellvertreterInnen

Bei der Wahl der StellvertreterInnen kann die Teilnehmerin selbst aussuchen, wie viele sie braucht und wen sie für welche Rolle wünscht. Dabei können StellvertreterInnen tatsächlich für alles ausgesucht werden. Wenn beispielsweise eine Körperaufstellung durchgeführt werden soll, wird mit verschiedenen Körperteilen oder Organen gearbeitet. Je nachdem, was für Elemente benötigt werden, sucht man Personen aus, die z. B. das Herz, die Lunge oder die Rolle des Magens übernehmen usw.

Ich habe auch schon von Aufstellungen gehört, in denen die an der Befruchtung beteiligte männliche Samenzelle und das Ei vertreten wurden. In anderen Aufstellungen haben Stellvertreter für die „Liebe", die „Ordnung", die „Erkenntnis" und einem „Stellvertreter für sich selbst" gestanden. Oder jemand hat mithilfe von „zukünftiger Arbeitsstelle", „alter Arbeitsstelle" und einer „Stellvertreterin für sich selbst" danach gesucht, sich für eine Entscheidung neue Impulse geben zu lassen. Nach der Erzählung einer Bekannten soll besonders intensiv eine Aufstellung verlaufen sein, in der ein „Stellvertreter für sich selbst" und eine „Stellvertreterin für die eigene Seele" ausgesucht wurden.

Unserer Fantasie sind in dieser Beziehung keine Grenzen gesetzt. Man kann einfach alles aufstellen.

Möchte die Teilnehmerin nicht selbst die StellvertreterInnen für ihre Aufstellung aussuchen, kann dies auch die gastgebende Organisatorin tun. Oder sie befragt die Gruppe, wer gerne welche Rolle übernehmen möchte oder wer sich momentan von einer Rolle angesprochen fühlt.

Es gibt sogar die Möglichkeit, weder das Thema noch die StellvertreterInnen festzulegen. Man kann einfach der Gruppe den Raum frei geben und alle auffordern, ihren momentanen Gefühlen zu folgen. Wer sich angesprochen fühlt, darf sich frei bewegen und äußern. Wer sich raushalten möchte, darf sich zurückhalten. Dann beobachtet man, was sich zeigt und woran man durch das spontane Verhalten der Gruppe erinnert wird.

Regel 13:

Die aufstellende Person entscheidet, auf welche Weise die StellvertreterInnen für ihre Aufstellung ausgewählt werden.

Wenn die Personen ausgesucht sind, die an der Aufstellung teilnehmen sollen, kann die aufstellende Teilnehmerin wählen, ob sie ihre StellvertreterInnen nach einem Plan an bestimmte Plätze im Raum führt, ob sie es spontan und ohne nachzudenken oder auf „innerlich gesammelte" Weise tut, z. B. indem sie sich hinter jeden Stellvertreter stellt, ihn an den Schultern berührt und langsam nach Gefühl so lange führt, bis er passend steht. Sie kann wählen, ob die Organisatorin oder eine andere Person aus der Gruppe für sie aufstellen soll oder ob die StellvertreterInnen sich ihre Plätze selbst suchen. Alles kann bereits als Spiegel des aufzustellenden Themas dienen.

Regel 14:

Die aufstellende Person kann entscheiden, wo und auf welche Weise die StellvertreterInnen im Raum platziert werden oder ob sie sich selbst einen Platz suchen.

Auch die Art und Weise der Auswahl von StellvertreterInnen kann als Spiegel genutzt werden. So könnten schon vorher Geschehnisse einen Hinweis darauf geben, welcher Art die nächste Aufstellung sein wird: Bevor wir neu auslosen wollten, wer als nächstes aufstellt, hatte ich einmal das Gefühl, dass noch ein Gruppenmitglied fehlen würde. Als sich herausstellte, dass alle TeilnehmerInnen anwesend waren, meinte ich scherzhaft: „Naja, vielleicht werden wir gleich eine Aufstellung erleben, in der es darum geht, dass jemand im System fehlt …". Und so war es dann auch.

Oft konnte ich feststellen, dass bereits in den ersten erklärenden Sätzen der aufstellenden Person oder im Beginn einer Aufstellung die Struktur des Anliegens vorhanden ist und sich zu zeigen beginnt (z. B. durch „Freud´sche Versprecher"). Ist jedoch nichts dergleichen zu erkennen, so lässt man die Aufstellung sich weiter „entfalten", bis das Gesuchte erkannt oder berührt wird.

Manchmal gelingt es erst am Ende einer Aufstellung, die anfänglichen Zeichen sinnvoll zu deuten und einen logischen Zusammenhang herzustellen.

Es gibt auch Aufstellungen, die einen gesamten Verlauf einer Situation widerspiegeln. Als Stellvertreter erlebte ich einmal, dass ich in dem Augenblick, als ich ausgewählt wurde, fröhlich und voller Energie aufsprang. Die Energie wurde immer stärker, so dass ich quer durch den Raum hüpfte, ohne zu warten, ob noch weitere StellvertreterInnen dazu kamen. Nach kurzer Zeit schon „spielte" ich eine totale Erschöpfung, obwohl ich persönlich noch lange nicht erschöpft war. Ich sank zu Boden und fühlte eine schwere Bleiplatte auf mir liegen, die mich zu erdrücken schien. Nach einer gewissen Zeit war auch das vorbei und ich blieb zunächst auf dem Boden liegen, um mich zu erholen.

Hier spielte sich eine ganze „Szenerie" ab. Die aufstellende Person konnte sich darin gänzlich wiederentdecken. Sie sagte, dass es ihr immer wieder genauso ergehen würde.

Entscheidend ist auch hier: Die Aufstellung hat die Aufgabe, der aufstellenden Person etwas zu spiegeln. Wenn andere Personen darin bereits einen Zusammenhang erkennen, den die aufstellende Person aber noch nicht sehen kann, ist Geduld angesagt. Manchmal muss man sogar darauf verzichten, dem anderen zu helfen. Jeder kann nur selbst darauf kommen, was der Spiegel ihm zu sagen hat. Die einzige Möglichkeit aller HelferInnen besteht immer wieder darin, die eigenen Erkenntnisse mitzuteilen und damit seine Realitäten *anzubieten*. Ob und auf welche Weise diese dann von der aufstellenden Person nachvollzogen werden, muss offen bleiben. Das ist ihre Sache. Auch hier gilt wieder: Jeder hat Recht, von dem jeweiligen Standpunkt aus gesehen.

Eine weitere wichtige Wahlmöglichkeit für den Anfang:

Normalerweise sucht die aufstellende Teilnehmerin auch eine Stellvertreterin für sich selbst aus. Doch es könnte für die innere Trennung (Dissoziation) von einer problematischen Situation hilfreich sein, wenn sie sich zunächst selbst in die Aufstellung begibt und sich einen Platz sucht, nachdem die anderen StellvertreterInnen ihren Platz eingenommen haben. Hat sie sich genügend eingefühlt, wählt sie anschließend eine Stellvertreterin für sich, die dann ihren Platz übernimmt. Die Teilnehmerin zieht sich in eine Beobachterrolle zurück und „trennt" sich auf diese Weise von der Situation. So eine Trennung kann sehr nützlich sein, wenn die problematische Situation gerade deshalb ein Problem darstellt, weil man sich selbst damit zu stark identifiziert hat. Gelingt es, dazu einen inneren Abstand herzustellen und sich daraus zurückzuziehen, kann dadurch manchmal schon das lösende Ziel erreicht werden.

Frei umgehen mit der eigenen Aufstellung

Die Teilnehmerin kann ihre Aufstellung frei beeinflussen, innerlich wie äußerlich. Sie kann innerlich mit der Aufstellung mitgehen oder sich davon distanzieren. Sie kann die verschiedenen Stellvertreter befragen, sie verschieben und testen, wie es ihnen an dem neuen Platz ergeht, oder auf andere Weise experimentieren. Die Teilnehmerin kann dadurch die dargestellte Situation besser beleuchten. Gleichzeitig macht sie die Erfahrung, selbstständig mit ihrem Problem umzugehen.

Regel 15:
Weil die Aufstellung einer Person ihre eigene ist, entscheidet sie selbst, wie mit ihr umgegangen wird.

Sie kann entscheiden, ob sie die Aufstellung als „feststehendes Spiegelbild" nutzt. Das bedeutet, sie interviewt die StellvertreterInnen, fragt sie beispielsweise, wie sie sich an ihrem Platz fühlen oder was sie gegenüber den anderen dargestellten Personen empfinden, und beendet dann die Aufstellung. Hier werden keine Veränderungen durch das Ausleben neuer Impulse zugelassen und man schaut nur, was sich am Anfang zeigt. Dieses feststehende Spiegelbild ist sinnvoll für Personen, die sich zunächst einmal nur kurz und vorsichtig mit ihrem Thema beschäftigen wollen.

Oder die Teilnehmerin wählt das „sich verändernde Spiegelbild", bei dem sie die Stellvertreter sich frei bewegen lässt. Dabei ist sie offen für Vorschläge und Veränderungen, sprich: für Leitungsimpulse durch andere, die dann die Aufstellung in bessere Gleichgewichte führen können.

Eine weitere Möglichkeit ist, alle sprachlichen Impulse und Vorschläge zu unterbinden. Die Teilnehmerin kann je nach Bedarf entscheiden, ob die Gruppe sich heraushält oder ob die StellvertreterInnen von sich aus und schweigend ihren Gefühlen in langsamen Bewegungen folgen sollen.

Folgendes Beispiel zeigt, was diese Freiheit im Umgang mit der Aufstellung an Möglichkeiten bieten kann. Eine Teilnehmerin schrieb mir:

Ich wollte eigentlich meine Herkunftsfamilie aufstellen und eine schöne Lösung haben – wollte mit einem guten Gefühl aus der Aufstellung gehen. Jetzt, im Nachhinein, weiß ich, dass es um das Thema ging: „Mische dich ein und beobachte, was es für Folgen hat. Nutze die Aufstellung als Spiegel."

Hinterher sah ich: Für die wirklich „gute" und „tiefe" Lösung dieses Themas war es unbedingt erforderlich, dass ich meinem Bedürfnis folgen konnte und mich in meine Aufstellung einmischte. Die freie Form der Aufstellung gab mir dafür den erforderlichen Raum. Ich machte die Erfahrung, dass seit dem Zeitpunkt der Einmischung die Aufstellung kippte, die Stellvertreter von Mutter und Vater bildeten eine Front gegen mich. Nichts stimmte mehr, Tatsachen wurden verdreht und Stellvertreter entsprachen überhaupt nicht meinem Bild von meiner Familie. Das Ende war auch nicht wesentlich besser. Zurück blieb ein riesiges negatives Gefühl – keine Lösung?

Doch! Denn für mich gab die ganze Aufstellung nur in einer Hinsicht einen Sinn: Sie wollte mir zeigen, was passiert, wenn ich mich einmische. Und wenn ich mich in etwas einmische, habe ich die Folgen zu tragen, in diesem Fall also mein negatives Gefühl bestehend aus Wut, Enttäuschung, Einsamkeit, mein Gefühl, veräppelt zu werden, und die Personen mir gegenüber als „Gegner". Diese Gefühle erinnerten mich an Erfahrungen in meinem Leben und ich begriff, dass ich mich dort gehörig eingemischt hatte. Die Konsequenzen, die ich daraus ziehen werde, ergeben sich nun von selbst.

Für die Lösung meines Problems war die Freiheit wichtig, mich einmischen zu können. Von anderen Seminarleitern kenne ich es anders: Eine Diskussion zwischen aufstellender Person und Stellvertretern ist nicht möglich. Gespräche finden nur zwischen Leiter und Stellvertretern statt. Einmischungen der aufstellenden Person werden abgeblockt, z. B. damit diese nicht zu tief in die Aufstellung hineinrutscht oder nicht vom ‚eigentlichen Thema' ablenkt. Aber gerade die Diskussion zwischen mir und den Stellvertretern war wichtig, um mir die Folgen meines Einmischens vor Augen zu halten – zu spiegeln. Das erste Thema der Aufstellung (Herkunftsfamilie) wurde dabei völlig zweitrangig.

Aufstellende TeilnehmerInnen gehen jedoch auch unbewusst mit ihrer Aufstellung um. Ich erlebe öfter Situationen wie die folgende:

Eine Aufstellung war irgendwie blockiert. Die StellvertreterInnen konnten oder wollten bestimmte Veränderungsvorschläge aus der Gruppe nicht mehr ausführen, weil es sich nicht stimmig anfühlte. Es entstand Ratlosigkeit im Raum. Ein nächster Schritt wurde nicht vollzogen. Parallel dazu wurde im Gespräch darüber deutlich, dass die aufstellende Teilnehmerin innerlich diesen Schritt ebenso nicht vollziehen konnte, weil sie entweder etwas nicht verstand, den Schritt als nicht notwendig empfand oder ihn noch nicht wollte.

Manchmal ist auch jemand noch nicht so weit, weil etwas Wichtiges fehlt oder man Zeit braucht, das Bisherige zu verarbeiten.

Die freien Bewegungen in einer Aufstellung scheinen davon abhängig zu sein, ob die aufstellende Person innerlich für diese Bewegung offen sein kann. Demnach kann diese freie Aufstellungsform der aufstellenden Person ein Spiegel sein und ihr zeigen, wo sie zu einem weiteren Schritt der Veränderung bereit ist, wo dieser Schritt noch zu groß sein könnte und wo er vielleicht auch gar nicht nötig ist.

Wichtig ist, dass alle TeilnehmerInnen ihre Grenze achten. Können sie es jedoch nicht, so könnte auch das dazugehören und einen

Spiegel bieten (vielleicht ist die aufstellende Person gewohnt, dass andere Menschen ständig über ihre Grenzen treten?).

Ich habe Experimente zu dieser These der „telepathischen Beeinflussung" gemacht, bei denen ich z. B. eine Teilnehmerin stellvertretend für „meine Gedanken" in den Raum gestellt habe, ohne ihr und der Gruppe zu sagen, was sie darstellt. Ich konzentrierte mich innerlich darauf, dass sie dort, wo sie jetzt ist, sich hinsetzen solle. Kurz danach begann sie zu erzählen, dass sie auf ihren leeren Platz in der Runde schaute, zu dem es sie hinzog, um sich wieder zu setzen. Sie führte zwar nicht meinen Gedanken aus, hatte aber einen ähnlichen Gedanken ausgesprochen. Nachdem die Stellvertreterin noch weitere Gefühle berichtet und auch ihren Standort gewechselt hatte, stand schließlich ein Gruppenmitglied spontan auf und setzte sich dieser Stellvertreterin zu Füßen. Es führte damit aus, was die Stellvertreterin zu Beginn nur beschrieben hatte.

Als ich anschließend der Gruppe mitteilte, dass die Stellvertreterin für „meine Gedanken" stand und dass der bewusste Inhalt meiner Gedanken „Bitte setz' dich hin" lautete, rief eine weitere Frau aus der Gruppe: „Und ich habe die ganze Zeit gedacht, warum sie sich denn nicht hinsetzt!!".

Später wurde mir noch zusätzlich bewusst, dass einige Äußerungen von ihr mir auch tiefere Ebenen meiner Gedanken spiegelten. Es zeigte sich in ihrem Verhalten z. B. auch meine grundsätzliche Einstellung der Gruppe gegenüber, dass jeder eigenverantwortlich sei. Daran kann man sehen, wie stark Gedanken, Gefühle und Einstellungen einen Einfluss sowohl auf die Aufstellung als auch auf die Gruppe haben können. Je mehr Antennen also zur Verfügung stehen, desto klarer kann der Spiegel sein. Das ist ein weiterer Grund, weshalb ich in den Freien Systemischen Aufstellungen alle Gruppenmitglieder als wichtige Impulsgeber sehe. Wenn einer es nicht fühlt, fühlt es ein anderer und lebt es auf seine Weise aus. Ein lösender

Impuls wird immer dann zum Vorschein kommen, wenn die Gruppe offen und die aufstellende Person bereit ist, diesem Impuls zu begegnen.

Findet sich keine Lösung für eine Problematik und liegt die Vermutung nahe, dass die Teilnehmerin noch nicht für die Lösung offen ist, dann kann man ihr anbieten, diese These zu testen. Ist die Lösung wirklich noch nicht dran oder fehlt nur der passende Impuls?

Man kann einen Stellvertreter als „das lösende Element" dazu stellen und anschließend beobachten, was sich Neues tut. Wichtig dabei ist, dass der Stellvertreter nicht „die Lösung" selbst darstellt, sondern „lösend" wirken soll. Denn personifiziert man die Lösung, dann kann sie sich oft nicht mehr in der Aufstellung zeigen. Vielmehr zeigt sich die Beziehung der anderen StellvertreterInnen zum Stellvertreter „die Lösung".

Bewegt sich in der Aufstellung durch „das lösende Element" nichts Wesentliches, dann gibt es weitere Elemente zum Ausprobieren:

- „das, was den nächsten Schritt zeigt"
- „das verschlimmernde Element" (hier wird geprüft, ob vielleicht zunächst eine heilende Krise dran ist, um dadurch an eine Lösung zu gelangen)
- „die Quelle allen Lebens" … usw.

Es ist sehr faszinierend, was das Aufstellen solcher zusätzlichen StellvertreterInnen manchmal alles bewirken kann. Unserer Fantasie sind keine Grenzen gesetzt.

Passiert nichts Neues, dann soll es im Moment auch nicht sein.

Was zeigt eine Aufstellung?

Die innere Einstellung einer aufstellenden Person hat also auf die Ereignisse ihrer Aufstellung Einfluss. Deshalb stellt sich die Frage, was z. B. eine Familien-Aufstellung „eigentlich" zeigt. Ist es eine objektive Realität? Der wirkliche Zustand des Familiensystems? Oder wird von den StellvertreterInnen nur widergespiegelt, wie die aufstellende Person ihre Familie sieht und empfindet? Sind die Stellvertreterinnen vielleicht nur ein Spiegel für die momentane innere Verfassung der aufstellenden Person?

Wenn sich nur das innere Bild oder die innere Haltung der aufstellenden Person zeigt, entsteht wiederum die Frage, wieso in einer Aufstellung reale Dinge auftauchen können, die der aufstellenden Person aber nicht bewusst waren. Es gibt Erfahrungen, dass z. B. der Stellvertreter eines Großvaters das Gefühl äußerte, ihm würde der Kopf zerplatzen. Auf spätere Nachfrage des aufstellenden Teilnehmers bei seinen Eltern erfuhr er, dass der früh verstorbene Großvater im Krieg durch einen Kopfschuss um's Leben kam.

Es gibt die Theorie über ein „wissendes Feld", in der behauptet wird, dass sich bei einer Aufstellung ein Feld entwickelt, durch das StellvertreterInnen an bestimmte verborgene Informationen gelangen. Albrecht Mahr hat sich intensiver damit auseinandergesetzt und den Begriff „das wissende Feld" geprägt.

Andere vermuten, dass auch in den bewussten und unbewussten Verhaltensmustern der aufstellenden Person, die sich über mehrere Generationen weitervermittelt haben könnten, solche Informationen gespeichert sind und durch eine Aufstellung zum Vorschein gebracht werden.

Möglicherweise sind beide Standpunkte richtig und stellen jeweils einen Teil der ganzen Wahrheit dar.

Vielleicht befindet sich unser Unterbewusstsein durch die Verbindung aller Wesen schon immer im Kontakt mit dem gesamten universellen Wissen. Und eine Aufstellung spiegelt uns mithilfe einer tiefen Weisheit, die uns allen innewohnt, das wieder, was uns aktuell in ein nächstes, besseres Gleichgewicht bringen kann.

Ich stellte für mich einmal folgende Elemente auf: die „Freude am Leben", die „äußere Bremse", die mich an dieser Freude hindert (z. B. Menschen, die mich absichtlich von etwas abhielten, was ich gerne getan hätte) und einen Stellvertreter für „mich selbst". Ich erzählte den StellvertreterInnen nicht, wen sie in meinen Augen darstellten, ich stellte also „verdeckt" auf.

Die Stellvertreterin für „Freude am Leben" begann schon nach kurzer Zeit, sich mit ausgebreiteten Armen tanzend durch den Raum zu bewegen. Sie sagte, sie fühle sich ganz leicht und „schwebe so durch's Leben". Für mich passte es: So stellte ich mir die Freude am Leben vor.

Der Stellvertreter für mich hielt sich ein wenig zurück und beobachtete die beiden anderen, schaute jedoch verstärkt zur „äußeren Bremse". Und die Stellvertreterin der Bremse schaute auf meinen Stellvertreter und sagte dabei, dass sie ganz warme, fast mütterliche Gefühle hätte.

Das war das Überraschende für mich. Ich hätte eher erwartet, dass diese Stellvertreterin aggressiv auf meinen Stellvertreter zugehen würde, um mich an irgendetwas zu hindern und mich einzuschränken. Stattdessen kam mir nun aufgrund ihrer Äußerung der Gedanke, dass diese Stellvertreterin auch genauso gut für meine Mutter stehen könnte. Sie hat damals versucht, uns Kinder so gut es ihr möglich war unter Kontrolle zu halten. Ihr Wunsch dahinter war, dass uns nichts Schlimmes passiert. Und ich hatte als Kind die Bremsen, die von ihr ausgingen, als etwas für mich Negatives gespeichert.

Durch diese Aufstellung war es mir möglich, die Bremsen nicht mehr als Hindernisse zu sehen, sondern die positive Seite, die Fürsorglichkeit, den Schutz, die Liebe dahinter zu erkennen und es als dazugehörig anzuerkennen.

Dadurch, dass die Stellvertreterin für die „äußere Bremse" sich anders verhielt, als ich bewusst erwartet hatte, zeigte mir diese verdeckte Aufstellung (bis zum Schluss wusste niemand, wen oder was er darstellte), was ich bisher in mir noch nicht wahrgenommen, sondern ausgeblendet hatte. Sie ergänzte meine Wahrnehmung und konnte mir auf diese Weise einen Schritt weiterhelfen.

Freies Reden und Handeln während der Aufstellung

Zurück zum Ablauf der Freien Systemischen Aufstellungen.

Wenn die aufstellende Teilnehmerin also das „sich verändernde Spiegelbild" (statt des „feststehenden Spiegelbildes") wählt, gibt sie den Raum frei für neue Impulse aus der gesamten Gruppe. Die StellvertreterInnen können sich in diesem Fall frei bewegen, reden, Mitteilungen und Vorschläge machen, wie man gemeinsam ein besseres Gleichgewicht in der Aufstellung erreichen könnte. Auch die ZuschauerInnen dürfen sich frei einmischen. Die aufstellende Teilnehmerin und die StellvertreterInnen entscheiden selbst, ob es stimmig ist, diesen Impulsen zu folgen oder sie als „momentan nicht nützlich" zu verwerfen.

Regel 16:

Auf Wunsch der aufstellenden Person kann die gesamte Gruppe Veränderungsvorschläge einbringen und spontan leiten. Die aufstellende Person entscheidet immer wieder neu, ob sie die Vorschläge verwenden möchte oder nicht.

Wer diese Form der Aufstellung noch nicht selbst erlebt hat, könnte die Vorstellung entwickeln, dass ein Chaos und Durcheinander entsteht, weil alle gleichzeitig der Aufstellung helfen möchten. Doch es läuft meistens anders ab. Oft kommen die Impulse geordnet und einzeln – solange die Aufstellung im Fluss bleibt. Nur wenn eine Ratlosigkeit oder Hilflosigkeit bei der aufstellenden Person auftaucht, häufen sich manchmal die Impulse aus der Gruppe. Es wird immer „verzweifelter" gesucht und es entstehen Diskussionen, die die Organisatorin dann beeinflussen und moderieren kann.

Diese Situation kann – wie bereits erwähnt – der aufstellenden Teilnehmerin als Spiegel dienen. Sie zeigt ihr, wo eine lösende Bewegung momentan blockiert ist, weil vielleicht noch etwas fehlt, etwas vermieden oder auf etwas gewartet wird. An dieser Blockade sammeln sich dann alle Impulse der Gruppe, die bemüht ist, die Blockade zu lösen – so entsteht eine Diskussion. Und gerade diese Diskussion kann Teil der Aufstellung sein und die Form der Blockade spiegeln.

Ich selbst fühle mich als Organisator in solchen Situationen oft entspannt, weil ich weiß, dass man zur Not immer noch „das lösende Element" oder Ähnliches dazustellen kann.

Und wenn sich nichts zeigt, passt meistens der Hinweis, dass es noch nicht an der Zeit sein könnte. In diesem Fall kann die aufstellende Person ihre Aufstellung beenden, weil für eine Veränderung möglicherweise erst noch eine bestimmte Erfahrung „draußen" im Leben notwendig ist oder man einfach noch Zeit zur Verarbeitung der bisherigen Geschehnisse braucht.

Das Erspüren der eigenen Aufstellung

Die Teilnehmerin kann frei nach ihrem Gefühl entscheiden, ob und wann sie zu ihrer Stellvertreterin geht, sich neben sie oder hinter sie stellt oder ganz an deren Stelle tritt und sie aus der Rolle entlässt. Dadurch besteht die Möglichkeit, die eigene Aufstellung noch direkter zu erspüren und in sich aufzunehmen.

Manchmal mache ich den Vorschlag, sich Zeit zu nehmen, sich durch die Aufstellung zu bewegen und sie von allen Seiten zu betrachten, sich vielleicht an den einen oder anderen Platz zu begeben und sich einzufühlen, um sie dadurch besser kennenzulernen. Es besteht auch die Möglichkeit, für kurze Zeit den Platz anderer StellvertreterInnen einzunehmen und deren Erfahrungen nachzuspüren (= Wechsel des eigenen Standpunktes). Auf diese Weise ist es möglich, andere Menschen besser zu verstehen und zu einem tieferen Verständnis der Situation zu finden.

Manchmal gelingt es einem aufstellenden Teilnehmer, seinen Stellvertreter gefühlsmäßig erst nachzuvollziehen, wenn er bestimmte Veränderungsschritte und/oder erleichternde Sätze, die dieser während der Aufstellung ausgeführt hatte, noch einmal selbst aktiv „nachvollzieht". Dabei können ihm der Stellvertreter und die Gruppe behilflich sein, damit der Nachvollzug möglichst genau stattfinden kann. Natürlich kann man eine Aufstellung auch zu einer bestimmten Stelle „zurückspulen", damit derjenige dort einsteigen kann, wo es ihm am besten passt. Und wenn dann die Aufstellung mit ihm einen anderen Verlauf nimmt, als vorher mit seinem Stellvertreter, dann kann auch das sinnvoll sein und als Spiegel genutzt werden. Was zeigt es? Was hilft weiter?

Regel 17:
Die aufstellende Person kann zu jedem Zeitpunkt neu entscheiden, ob und auf welche Weise sie die Aufstellung kennenlernen und direkter erspüren möchte.

Und danach?

Das Ende einer Aufstellung ist ein Neuanfang.
So wie jeder Moment gleichzeitig ein Ende und ein Beginn ist.

Das wird besonders klar, wenn wir ein rollendes Rad beobachten. Vorne verbindet es sich mit dem Boden, hinten löst es sich gleichzeitig.

Die Art und Weise, wie eine Aufstellung zu ihrem Ende findet, kann deshalb genauso als Spiegel dienen, so dass sich daraus eine neue Entwicklung ergibt.

Regel 18:
Die aufstellende Person entscheidet, wann ihre Aufstellung beendet ist. Die/der gastgebende OrganisatorIn kann sie jedoch aus Zeitgründen früher beenden.

Wie sieht dieses Ende aus? Muss unterbrochen werden, weil die Zeit nicht mehr reicht oder weil keine befriedigende Lösung gefunden wird? Fällt es schwer loszulassen?

Entscheidet die Teilnehmerin selbst, wann sie genug gesehen und gefühlt hat?

Wenn der Organisator die Aufstellung aus Zeitgründen unterbricht, auf welche Weise macht er das?

Oder sind am Schluss alle erleichtert und fühlen sich wohl? Wer noch nicht? Ist derjenige, der sich noch nicht wohl fühlt, in seinem Ungleichgewicht ge(be)achtet?

… und was hat das alles mit dem aufgestellten Problem der Teilnehmerin zu tun?

Folgende Beispiele zeigen, welche Entwicklungschancen in dem Ende einer Aufstellung stecken:

Ich habe in einer eigenen Aufstellung erlebt, dass ich am Schluss auf dem Boden lag, mit dem Kopf auf dem Schoß einer Stellvertreterin. So fühlte ich mich wohl und beendete die Aufstellung, obwohl ich dachte, dass das Liegen in einer Aufstellung Energielosigkeit bedeuten könnte. Es könnte aber auch die Geborgenheit eines Kindes ausdrücken, denn ich lag ja im Schoß von jemandem. Die Hauptsache war, dass ich mich gut fühlte und kein neuer Impuls kam, der eine Bewegung brachte.

In der darauffolgenden Aufstellung wurde ich als Stellvertreter gewählt und „zufälligerweise" begann diese Aufstellung wie meine Aufstellung geendet hatte: Ich lag auf dem Boden, den Kopf auf den Schoß einer Stellvertreterin gebettet. Doch dieses Mal begann eine Entwicklung, die mir neue Energie gab, so dass ich aufstand. Obwohl ich als Stellvertreter für jemand anderen zur Verfügung stand, hatte ich das Gefühl, dass sich soeben in gewisser Weise meine eigene Aufstellung fortsetzte. Gleichzeitig teilte die aufstellende Person mit, dass mein Verhalten in der Rolle sehr gut zu ihrem Thema passte.

Anstatt in meiner Aufstellung nach einer anderen Lösung zu suchen, hat das Beenden dazu geführt, dass sich ein Prozess auf einer neuen Ebene, in einem neuen Zusammenhang fortsetzen konnte. Es war wie eine Art „Quantensprung" für mich.

Bei einem Teilnehmer meiner Workshops, der über einen längeren Zeitraum fast regelmäßig dabei war, machte ich die Erfahrung, dass ich als Organisator aus zeitlichen Gründen ständig seine Aufstellungen unterbrechen musste. Wenn ein bestimmtes Gleichgewicht erreicht zu sein schien, war er stets unzufrieden und sagte: „Ja, … aber …". Hätte ich keinen zeitlichen Rahmen vorgegeben, wäre es mehrere Stunden so weitergegangen, was ich bereits aus den ersten

Aufstellungen mit ihm kannte. Im Laufe der Zeit fiel es mir leichter, ihn zu unterbrechen, weil mir allmählich klar wurde, dass sich hier ein bestimmtes Muster zeigte: Er hatte in seinem Leben oft die Erfahrung gemacht, von anderen gestoppt zu werden, und kämpfte bis heute dagegen an.

Durch diese Bewusstwerdung dieses Musters konnte er sich auf einer anderen Ebene damit auseinandersetzen. Später musste ich seine Aufstellungen nicht mehr unterbrechen. Sie hatten eine andere Gestalt angenommen und fanden „selbstständig" zu einem Ende. Er kann inzwischen anders mit „äußeren Bremsen" umgehen.

In einem anderen Fall konnte eine Teilnehmerin ihre eigene Aufstellung nicht beenden, weil sie immer wieder darauf wartete, ob die StellvertreterInnen vielleicht noch etwas Wichtiges zu sagen hätten. Sie konnte sie einfach nicht aus ihren Rollen entlassen.

Hier erkannte sie den Zusammenhang zu ihrem Alltag, in dem es ihr genauso schwerfiel, in bestimmten Situationen einen Schlussstrich zu ziehen. Sie kam oft an ihre äußerste Belastungsgrenze, bevor sie etwas beenden konnte. Ihre Stellvertreter wehrten sich sogar, wenn sie „versuchte", die Aufstellung zu beenden. Sie sagten, sie seien noch nicht fertig, obwohl die Teilnehmerin mitteilte, dass eigentlich schon alles geklärt und ihre Frage beantwortet war.

Diese Situation zwang sie, den StellvertreterInnen selbstsicher gegenüberzutreten und sie aus ihren Rollen zu entlassen. Als sie diesen Schritt schließlich vollzog, fühlten sie und alle Beteiligten eine Erleichterung.

Hier wurde ihre Machtlosigkeit durch die „sich behauptenden" StellvertreterInnen gespiegelt.

Sollte in einer Aufstellung zum momentanen Zeitpunkt kein angenehmes Gleichgewicht gefunden werden können, ist es vielleicht erst zu einem späteren Zeitpunkt möglich, wenn bestimmte Voraussetzungen dafür erfüllt sind. Sind wir uns dessen bewusst, kann sich für uns ein „schmerzvoller Abbruch" in eine harmlose Unterbrechung verwandeln, in eine „Pause", und wir können besser loslassen. Wir wissen: Es kann sich irgendwann fortsetzen.

Tritt der Fall ein, dass zwar die Teilnehmerin mit dem Ergebnis der Aufstellung zufrieden ist, jedoch ein Zuschauer in der Gruppe eine Unzufriedenheit äußert, kann dies auf mindestens zwei Arten genutzt werden: Einerseits kann die Teilnehmerin es als zusätzlichen Spiegel verwenden und sich fragen, welche Rolle dieser Zuschauer für sie spielen könnte. Andererseits besteht die Möglichkeit, diesen Zuschauer mit seiner Unzufriedenheit aufzustellen. Entweder zeigt sich etwas Neues, eine auf den Zuschauer bezogene Thematik, oder es lässt sich ein übergeordneter Zusammenhang für die Teilnehmerin und diesen Zuschauer entdecken. Vielleicht macht sie dabei die Erfahrung, dass sich ihre Aufstellung auf einer neuen Ebene fortsetzt.

Natürlich ist die aufstellende Person auch frei, sich dafür zu entscheiden, die Unzufriedenheit des Zuschauers nicht weiter zu beachten, weil es ihr nicht so wichtig ist und nicht bei der Beantwortung einer Frage oder bei der Lösung eines Problems hilft.

Jede Aufstellung verläuft anders und stellt neue Erkenntnismöglichkeiten zur Verfügung.

Am Ende eines Seminars biete ich eine Schlussrunde für die Gruppenteilnehmer an, in der jeder, der noch etwas fragen, berichten, ergänzen, mitteilen möchte, dafür Raum erhält.

Was wirkt?

Nach der Aufstellung kann es sein, dass die Teilnehmerin sofort in eine Situation gerät, durch die sie aufgefordert wird, das Erkannte anzuwenden und umzusetzen (manchmal sogar noch innerhalb der Gruppe).

Es kann aber auch sein, dass erst am folgenden Tag Geschehnisse darauf hindeuten, dass sich etwas zu ändern beginnt.

Es gibt die Meinung, dass Aufstellungen mehrere Monate, vielleicht sogar Jahre benötigen, um ihre Wirkung entfalten zu können.

Oder es passiert auch gar nichts.

Alles ist möglich. Lassen Sie sich überraschen.

Schon öfter war ich in einem neuen Gleichgewicht angekommen und wurde kurz darauf mit unangenehmen Situationen konfrontiert. Ich setzte mich damit auseinander und konnte auf diese Weise die Herausforderung bewältigen und in mein neues Gleichgewicht integrieren.

Ich habe das Gefühl, dass wir manchmal erst dann bestimmten Schwierigkeiten begegnen, wenn wir durch unsere neu erworbenen Erkenntnisse dazu in der Lage sind, mit ihnen in gewisser Weise umzugehen.

Für mich ist es unklar, welche Wirkungen Aufstellungen eigentlich haben. Weder weiß ich, welche Theorie „allgemeingültig" noch welche „wahr" ist. Ich habe nur selbst bei unterschiedlichsten Gelegenheiten sehr interessante Erfahrungen mit Aufstellungen machen dürfen, und das hat mich bereits davon überzeugt, dass sie mir in bestimmten Situationen oder bei gewissen Fragen weiterhelfen können.

Anstatt zu behaupten, dass Aufstellungen generell bestimmte Wirkungen haben, Heilungen bringen oder Lösungen vollziehen können, ziehe ich lieber folgende Sichtweise vor:

Aufstellungen bieten uns die Möglichkeit, eine neue Art konkreter Erfahrung mit uns selbst zu machen. Wie wir dann mit dieser Erfahrung umgehen, bleibt uns überlassen.

Meiner Meinung nach wirkt nicht die Aufstellung, sondern wir sind es selbst, die durch diese neuen Erfahrungen und Erkenntnisse anschließend in der Lage sind, etwas zu verändern oder es auf eine neue Art und Weise zu betrachten.

Auch wenn sich manchmal etwas scheinbar von selbst verändert, schreibe ich dies nicht der Aufstellung, sondern unserem eigenen Unbewussten zu.

Stellen wir uns aber vor, dass eine Aufstellung „wirkt", und konzentrieren uns zu sehr auf das Ergebnis, das wir uns von der Aufstellung wünschen, dann geben wir in diesem Fall Verantwortung ab und warten auf die Erlösung von außen.

Natürlich können wir auch die Erfahrung machen, dass sich nach einer Aufstellung „automatisch" etwas verändert hat, dass da also etwas gewirkt haben muss. Ich glaube jedoch, dass diese Veränderung unwillkürlich von uns selbst ausgeführt wird. Das ist vergleichbar mit unserem Wachstum: Wir wachsen selbstständig. Das wird nicht von außen angeregt. Doch wir tun dies unabsichtlich und unbewusst, es passiert einfach, ein Wunder der Natur.

Auf diese Weise sehe ich eine „Wirkung" einfach nur als ein Zeichen für einen „Wachstumsschritt" von uns selbst.

Eine Aufstellung kann auch unserem Bewusstsein etwas zeigen, so wie uns ein Spiegel auf einen Fleck in unserer Kleidung hinweisen kann. Wenn wir anschließend diesen Fleck gezielt beseitigen, hat nicht der Spiegel gewirkt, sondern unsere Erkenntnis, zu der wir mithilfe des Spiegels gelangen durften und die uns dazu befähigt hat, angemessen zu reagieren.

Diese Veränderungen beinhalten zusätzlich die Möglichkeit, dass unser neues Tun und unsere neue Betrachtungsweise aufgrund der Verbundenheit aller Wesen gleichzeitig für andere Menschen erspürbar sein können. Wir erleben manchmal nach einer Aufstellung, dass sich deren Verhalten uns gegenüber verändert hat. Doch das ist nicht der „Wirkung" einer Aufstellung zuzuschreiben, sondern der Veränderung unseres Denkens und der Erweiterung unserer Sichtweisen. Diese Veränderung können andere mindestens auf unbewusster Ebene wahrnehmen und reagieren dementsprechend neu.

Aber vielleicht haben wir uns einfach nur „zufällig gleichzeitig" verändert?

Wenn sich in einer Aufstellung etwas lösen konnte und danach das ursprüngliche Problem verschwunden ist, wissen wir immer noch nicht, was die eigentliche Ursache des Problems war und wodurch sein Verschwinden angeregt wurde.

Es könnte ein bestimmter Lösungsschritt in der Aufstellung gewesen sein, eine Äußerung eines Stellvertreters, die Ausstrahlung einer spontanen Leiterin, die Ausstrahlung einer Organisatorin oder unsere eigene Reaktion auf diese Ausstrahlungen. Es könnte uns aber auch die Erfahrung mit der gesamten Gruppe bewegt haben, eine bestimmte Erkenntnis, eine neue Sichtweise, die wir daraufhin entwickeln konnten, das Erleben einer fremden Aufstellung oder bereits schon unsere Entscheidung, eine Aufstellung mit diesem Thema überhaupt durchzuführen … wir wissen es nicht wirklich.

Mit diesem Eingeständnis, dass wir die Ursache nicht kennen, können wir verhindern, dass wir Denkmuster entwickeln, die zum Ziel haben, das Auftauchen eines Problems zu vermeiden.

Ein Beispiel:

Manchmal löst sich eine Spannung dadurch, dass eine aufstellende Person in ihrer Aufstellung ihren Eltern durch eine tiefe Verneigung Ehrerbietung zeigt. Wenn wir nun denken, dass wir ein bestimmtes Problem haben müssten, weil wir unsere Eltern nicht achten können, kann es sein, dass wir dadurch eher anfangen, ein Problem zu „erzeugen". Auch könnten wir glauben, dass die Nichtachtung unserer eigenen Eltern dazu führt, dass unsere Kinder uns genauso wenig achten werden – womit wir den Kindern erst recht den Raum geben, so auf uns zu reagieren, denn wir „erwarten" es ja.

Was aber, wenn wir das alles glauben – und eines unserer Kinder achtet und ehrt uns trotzdem? …

Und was ist, wenn wir unsere Eltern nicht achten, weil sie nicht geachtet werden wollen? Dann steckt doch hinter unserer Nicht-Achtung eine Achtung?! Wir achten den Wunsch der Eltern, nicht geachtet zu werden?

In Wirklichkeit kennen wir nie die genauen Gründe, wann und weshalb ein Problem auftaucht oder verschwindet. Es ist wie bei der Börse oder beim Wetter – immer wieder sind Überraschungen möglich.

Insa Sparrer und Matthias Varga von Kibéd sagen dazu, dass beispielsweise Kopfschmerz kein Zeichen von Aspirinmangel ist. Wenn wir also durch eine Aspirintablette den Kopfschmerz beseitigen konnten, wissen wir immer noch nicht, wodurch er entstanden ist. Und eigentlich wissen wir auch nicht, ob die heilende Wirkung tatsächlich nur von der Tablette ausging oder (zufällig) eine andere Veränderung in uns zur Heilung geführt hat.

Aus diesem Grund stelle ich keine Regeln auf, in denen empfohlen wird, wie man sich nach Aufstellungen verhalten sollte.

Ich kenne auch andere Sichtweisen von Aufstellungsleitern:

- Man sollte nach einer Aufstellung nicht mit der betroffenen Person über ihre Aufstellung reden, damit die Wirkung nicht beeinflusst oder zerredet wird.
- Die aufstellende Person selbst sollte nach der Aufstellung für eine Zeit nicht mit anderen über diese Aufstellung reden.
- Man sollte zu demselben Thema frühestens nach einem halben Jahr eine weitere Aufstellung durchführen, wenn überhaupt.
- Eine Aufstellung braucht Zeit und Raum, um ihre Wirkung entfalten zu können. Es könnte sein, dass man mit einer weiteren Aufstellung den Prozess stört.

Da jeder Recht hat, von seinem Standpunkt aus gesehen, und einen Teil der ganzen Wahrheit sehen kann, sind dies wertvolle Hinweise, die uns zeigen, was für kraftvolle Möglichkeiten wir haben, mit einer Aufstellung anschließend umzugehen.

Die endgültige Entscheidung, was für einen Teilnehmer wichtig und wirkungsvoll ist, fällt immer noch der Teilnehmer selbst. Er hat von seinem Standpunkt aus gesehen ebenso Recht, wenn er sich für einen anderen Umgang mit seiner Aufstellung entscheidet.

Wenn er will, kann er sich mit vielen Menschen darüber austauschen oder über dasselbe Thema noch am gleichen Tag eine weitere Aufstellung durchführen. Vielleicht kann diese Aufstellung etwas Wesentliches ergänzen? Und vielleicht ist ja das Stören eines angeregten inneren Prozesses wichtig und vielleicht sogar notwendig, weil die Chance besteht, dadurch ein noch besseres Gleichgewicht zu erreichen? Vielleicht ist ein Einwand eines Teilnehmers gegenüber dem gedeuteten Ergebnis einer Aufstellung auf einer übergeordneten Ebene wichtiger und löst weitere Bewegungen aus als das „kraftvolle Wirkenlassen einer Lösung?"

Wir wissen es nicht...

Von meinem Standpunkt aus denke ich: Egal wie sich ein Mensch entscheidet, diese Entscheidung ist richtig und gehört dazu. Und wenn er sich gleich anschließend wieder umentscheidet, gehört auch das dazu. Jedes Problem ist zu jedem Zeitpunkt einzigartig und bedarf jedes Mal erneut der Suche nach einer neuen Lösung, nach einem Gleichgewicht. Vielleicht aber brauchen wir manchmal nur zu warten und das Wachstum ordnet etwas selbstständig in uns oder außerhalb von uns …

Jedes Ungleichgewicht liegt immer in der Gegenwart. Genauso wie wir im Spiegel nicht die Vergangenheit oder die Zukunft, sondern die Gegenwart sehen.

Eine Aufstellung spiegelt uns, welche In-„Form"ationen in welcher Form gegenwärtig vorhanden sind.

Diese Einstellung hilft mir, jederzeit flexibel zu bleiben und mich weiter zu öffnen, so dass mich das Leben immer wieder von neuem überraschen kann.

III

StellvertreterInnen und ZuschauerInnen

Jeder sorgt für sich selbst

Wird man als StellvertreterIn für eine Aufstellung ausgewählt, sollte man als erstes klären, ob man überhaupt bereit ist, diese Rolle zu übernehmen, und ob das eigene Gefühl dazu stimmt.

Regel 19:

Wenn jemand als StellvertreterIn ausgewählt wird und zweifelt, ob sie/er es tun soll oder kann, ist es wichtig, auch diesen Zweifel auszudrücken.

Anfänglicher Zweifel kann persönliche Gründe haben, gleichzeitig aber auch zur Aufstellung dazugehören und für die aufstellende Person als Spiegel dienen. Es kommt darauf an, von welchem Standpunkt aus man es betrachtet und wie man es deutet.

Regel 20:

Wer als gewählte(r) StellvertreterIn diese Rolle eher nicht übernehmen möchte, kann sagen: „Nein, ich stehe im Moment nicht zur Verfügung."

Möchte jemand nicht aufgestellt werden, kann dies verschiedene Ursachen haben: Man hat ein seltsames Gefühl zu dieser Rolle, man fühlt sich erschöpft, benötigt eine Pause oder man ist innerlich gerade mit einem anderen Thema beschäftigt und möchte deshalb lieber seine beobachtende Rolle behalten.

Es kann aber auch sein, dass man sich gerade gern trotzig verhält. Auch das gehört dazu und berechtigt zu einem „Nein".

Regel 21:

Nimmt man eine Stellvertreterrolle an, so trägt man auch die Folgen, die aus dieser Entscheidung entstehen.

Aus diesem Grund ist jeder frei, jederzeit aus seiner Rolle herauszugehen, wenn sie zu belastend wird oder man nicht länger Lust dazu hat.

Letzteres kann ein sehr wichtiges Zeichen sein. Merkt eine Stellvertreterin, dass sie keine Energie mehr hat, so kann dies bedeuten, dass diese Rolle in der Aufstellung nicht mehr so wichtig ist. Es kann auch der aufstellenden Person zeigen, dass ihr gegenwärtiger Umgang mit der Aufstellung zu Unlust bei den StellvertreterInnen führt.

Wird eine Rolle so belastend, dass ein Stellvertreter sie wieder abgibt, kann dieses Verhalten als eine Art „Weggehen" gedeutet werden, das zur Aufstellung dazugehört.

Es ist wichtig, dass jeder Stellvertreter immer seinen Impulsen folgt und ständig überprüft, ob es für ihn stimmig ist, so zu handeln oder etwas „Fremdes" zu fühlen. Sobald eine Grenze erreicht ist, die unangenehm wird, kann man jederzeit selbstverantwortlich die Rolle wieder abgeben.

Regel 22:

Jede(r) StellvertreterIn entscheidet, wann sie/er ihre/seine Rolle wieder abgibt und sich daraus zurückzieht.

Wenn sich jemand innerlich unschlüssig fühlt und ständig zwischen Teilnahme und Rückzug hin- und herschwankt, sollte er das ebenso ausdrücken. Oder er wartet die Auswirkungen dieser Unschlüssigkeit ab, bis eine Entscheidung reif ist.

Rückzug aus einer Rolle

Manchmal hat man auch nach einer Aufstellung noch das Gefühl, als ob man in der Rolle geblieben ist. Die Gefühle dazu bleiben bestehen. Man fragt sich: Sind diese Gefühle meine eigenen oder sind es fremde Gefühle?

Fühlen wir weiterhin Teile der fremden Rolle in uns, dann können wir das als Zeichen dafür nehmen, dass es für uns eine Aufgabe darstellt und deshalb nun zu uns gehören könnte.

Folgende Sätze passen hier gut:

„Was man bekämpft, wird man nicht los."

„Nur was wir lieben, lässt uns frei."

Gerade weil wir eine Rolle loswerden wollen, erhalten wir das Gefühl, dass sie an uns haften bleibt. Wir stufen sie dabei als „fremd" ein, weil sie neu für uns ist.

Möglicherweise hat die Rolle, die wir übernommen hatten, etwas in uns selbst in Schwingungen versetzt, was uns zwar neu ist, jedoch schon immer zu uns gehört.

Die Frage, die sich uns jetzt stellt, ist: Wie gehe ich am besten mit diesem neuen Gefühl um? Wie passt es in mein Leben? Wie kann ich es vollständig verstehen und integrieren? Erkenne ich es als mögliches Wahrnehmungspotenzial von mir selbst an und nutze es aktiv, um daran zu reifen?

Ein extremes Beispiel habe ich von einer Teilnehmerin gehört, bei der sich ihre Rolle aus einer Aufstellung anschließend auf die nähere Umgebung scheinbar übertragen hat. Sie war Stellvertreterin einer Mutter, die mehrmals erfolglos versucht haben soll, ihr Kind umzubringen. Einige Tage nach dem Seminar hat ihr eigenes Kind (das nichts von dieser Aufstellung wusste) in der Schule fälschlicherweise erzählt, dass seine Mutter es misshandeln würde. Das machte im Dorf die Runde, so dass mehrere Personen plötzlich ein anderes Bild von ihr bekamen und sogar das Jugendamt eines Tages vor der Tür stand.

Gleichzeitig war es für sie eine Herausforderung, mit dieser Situation umzugehen, und sie lernte, etwas Neues zu integrieren. So wurde diese Rolle zum Auslöser eines wichtigen Lernprozesses in ihrem Leben.

Ein anderes Mal stellte eine Teilnehmerin eine verstorbene Frau dar. Nach der Aufstellung fühlte sie sich immer noch, als ob sie schwebte, sie war nicht wirklich anwesend und ging in der Mittagspause im Wald spazieren. Sie zog die Schuhe aus, lief barfuß durch das Gestrüpp und verletzte sich an den Dornen. In diesem Moment spürte sie wieder die Erdung und „wachte auf".

Die Erfahrung des Schwebens war ihr nicht fremd, da sie früher suizidgefährdet war. Das Erlebnis im Wald hatte ihr gezeigt, wie sie sich selbst wieder „auf die Erde" holen konnte. Gleichzeitig deutete sie die Selbstverletzung als Teil ihrer noch ansatzweise vorhandenen Selbstmordtendenz und konnte diese Erfahrung als Spiegel nutzen.

Ich selbst habe einmal eine schwere Rolle vertreten, in der ich am Ende eine emotionale Befreiung erleben konnte, die mich heftig in Tränen ausbrechen ließ. Nach der Aufstellung spürte ich immer noch einen stechenden Schmerz in der Brust. Ich zog mich auf die Toilette zurück, versetzte mich noch einmal in die Aufstellungssituation, ließ meine Emotionen hochkommen und weinte so lange, wie es aus mir herauskommen wollte. Nach zehn Minuten war der Schmerz verschwunden. Die Rolle hatte etwas in mir zum Schwingen gebracht, das ich nachträglich noch weiter ausdrücken und dadurch verarbeiten konnte.

Regel 23:

Bleiben wir auch nach einer Aufstellung gefühlsmäßig und gedanklich mit einer Rolle verbunden, dann kann sie (ab diesem Zeitpunkt) als Wahlmöglichkeit zu unserem Verhaltensrepertoire gehören. Wir haben die Möglichkeit, sie in unser Leben zu integrieren.

Diese Nachwirkungen von Stellvertreterrollen können eine intensive Lernchance bieten, aber auch belastend sein, wenn man diese Chance gerade nicht nutzen möchte. Daher ist es immer wichtig, sich darüber im Klaren zu sein, ob man bereit ist, eine Stellvertreterrolle zu übernehmen oder nicht.

Haben wir uns für das Übernehmen einer Rolle entschieden und hat sie unerwartet zu einer Belastung geführt, so können wir entscheiden, ob wir gegen diese Nachwirkungen kämpfen, um sie wieder loszuwerden, oder ob wir sie als eine Folge unserer Entscheidung begrüßen und anerkennen.

Immer wieder mache ich die Erfahrung, dass TeilnehmerInnen ein ähnliches Schicksal erfahren haben wie die Personen, die sie in einer Rolle vertreten. Beispielsweise übernahm eine Frau die Rolle einer Mutter, die ein Kind abgetrieben hatte. Von der Abtreibung wurde erst während der Aufstellung berichtet. Es war vorher noch nicht thematisiert worden, so dass die stellvertretende Frau nichts davon wissen konnte. Der erlösende Schritt war die Integration: Die Stellvertreterin der Mutter schaute lange in die Augen der Stellvertreterin des Kindes und konnte es tief berührt wieder in den Arm nehmen. Hinterher erzählte mir die Frau, die Stellvertreterin der Mutter war, dass sie früher ebenso eine Abtreibung vollzogen hatte und durch diese Rolle eine wichtige und erlösende Erfahrung machen durfte.

Auch komplexe Zusammenhänge finden sich wieder: Erst während einer Aufstellung wurde erklärt, dass die Großmutter im Alter von 4 Jahren ihre Eltern durch einen Unfall verloren hatte. Sie wurde von einer Tante aufgezogen.

Die Frau, die in der Aufstellung diese Großmutter vertrat, hat ein Pflegekind, das im Alter von 4 Jahren seine Eltern durch einen Unfall verloren hatte. Es ist ihr Neffe, der Sohn ihrer verstorbenen Schwester. Auf diese Weise konnte sie in der Rolle ähnliche Gefühle kennenlernen, wie sie wohl ihr Neffe erlebt.

Solche Übereinstimmungen sind immer wieder erstaunlich und regen zu der Vermutung an, dass es kein „Zufall" ist, wer welche Rolle übernimmt. Was man jedoch für einen Rückschluss aus diesen Zufällen zieht und welche Sichtweise man daraus entwickelt, bleibt jedem selbst überlassen. Wir haben die Wahl, ob wir es als Spiegel nutzen und uns fragen, wieso wir gerade diese Rolle übernommen haben und welcher Zusammenhang sich darin entdecken lässt, oder ob wir nicht weiter darüber nachdenken.

Oft lernen TeilnehmerInnen durch Stellvertreterrollen mehr als durch eine eigene Aufstellung. Sie erhalten die Gelegenheit, sich und ihre Gefühle aus neuen Blickwinkeln zu betrachten und dadurch zu einem neuen Gleichgewicht zu gelangen.

Neben dieser Selbsterkenntnis gibt es weitere Möglichkeiten, wie man bestimmte Energien aus fremden Rollen verändern, verringern, integrieren oder auch loswerden kann:

– mit einem großen Schritt aus der Rolle steigen, sich noch einmal zu ihr umdrehen, vor ihr verneigen, sich für die Erfahrung bedanken, umdrehen und wieder in sein eigenes Leben hineingehen,

– aus der Rolle herausdrehen (sich aus energetischen Gründen ein paar Mal im Kreis drehen),

- intensiv aufstampfen, seinen Körper mit den Händen entlang streichen, schütteln, laufen, sich heftig bewegen, um sich seines eigenen Körpers wieder bewusst zu werden,
- sich wiederholt (mit Nachdruck) seinen eigenen Namen sagen,
- auf den Boden legen und die fremden Energien in die Erde abfließen lassen,
- sich gegenseitig massieren,
- Gesicht und Arme mit kaltem Wasser erfrischen,
- anschließend abwechselnd heiß und kalt duschen,
- darum bitten, von der aufstellenden Person aus der Rolle entlassen zu werden.

In einem Seminar bei Gisela Marxen-von Stritzky und Gunter von Stritzky habe ich eine beeindruckende Entlassung erlebt. Gisela erzählte mir später, dass sie dies von Albrecht Mahr gelernt hat. Er macht folgenden Vorschlag:

Die aufstellende Person und der Stellvertreter, der ein Entlassungsritual wünscht, stellen sich im Raum gegenüber. Die aufstellende Person fasst den Stellvertreter mit beiden Händen an seine Handgelenke und sagt die Sätze: „Liebe(r) <Name>, ich danke dir für deine Hilfe. Alles, was zu dir und in dein System gehört, achte ich als eures. Alles, was zu mir und meinem System gehört, nehme ich jetzt zu mir zurück." Sie zieht ihre Hände über die Hände des anderen ab und geht einen Schritt zurück.

Der Stellvertreter sagt: „Liebe(r) <Name>, alles, was zu dir und in dein System gehört, achte ich als eures und ziehe mich jetzt davon zurück. Alles, was zu mir und in mein System gehört, nehme ich mit" und geht einen Schritt rückwärts.

Damit hier nicht eine versteckte Verantwortungsübergabe suggeriert wird, möchte ich erwähnen, dass die letztendliche Entscheidung, sich von einer Rolle zurückzuziehen, beim Stellvertreter liegt.

Er kann dies auch eigenverantwortlich tun, ohne dass von der aufstellenden Person die Rolle „abgenommen" wird. Jeder, der eine Rolle übernimmt, bleibt immer eigenverantwortlich und autonom.

Normalerweise fühlt ein Stellvertreter nach diesem Ritual eine Entlastung. Tritt sie jedoch nicht ein, könnte nach weiteren lösenden Sätzen gesucht werden. Manchmal vertritt ein Stellvertreter weiterhin seine Rolle, weil es noch irgendetwas im System gibt, das gesehen und ausgedrückt werden will. In diesem Fall hilft es, ihn zu fragen, ob in seiner Rolle irgendetwas nicht gesagt wurde, was er vielleicht noch mitteilen möchte.

Ich erlebte einmal, dass ich nach einer Aufstellung ein Rollengefühl in mir aufrechterhielt. Ich wartete die anschließende Gesprächsrunde in der Gruppe ab, in der ich noch einmal die aufstellende Person ansprach, ihr mein Gefühl mitteilte und abschließend sagte, dass es mir noch wichtig war, dies auszudrücken, und nun würde ich mich aus der Situation zurückziehen.

Aus diesem Grund können anschließende Gespräche über eine Aufstellung (z. B. zwischen aufstellender Person und den „ehemaligen" StellvertreterInnen) dazu dienen, ungelöste Spannungen noch nachträglich zu entlasten. Deswegen gebe ich auch immer Raum dafür und ermuntere ab und zu sogar die TeilnehmerInnen dazu.

Manchmal können wir beobachten, dass ein übrig gebliebenes Rollengefühl gleichzeitig zu uns selbst gehört. Wir können lernen, neu damit umzugehen und es vielleicht entgegen unserer Gewohnheit auch auszudrücken.

Oft führt der Ausdruck eines Gefühls zu einer Integration. Anstatt es als „zweitrangig" abzutun oder als „unangenehm" zu bekämpfen, erkennen wir es an und folgen dem Wunsch nach Ausdruck.

Rollengefühle können auch im Alltag ganz unerwartet entstehen. Von einer Teilnehmerin erfuhr ich, dass sie sich immer mal wieder

„entrollt", wenn sie das Gefühl hat, irgendetwas stimmt mit ihr nicht (siehe dazu auch mein Buch *Ich stehe nicht mehr zur Verfügung*"). Eine Aufstellung könnte versehentlich stattgefunden haben, wenn man z. B. auf einem Stuhl, auf dem vorher eine andere Person gesessen hat, irgendwie ein seltsames Gefühl erhält. Vielleicht erspürt man dadurch eine bestimmte Schwingung, die dort noch vorhanden ist, ein „Schwingungsabdruck" eines anderen Menschen.

Ich nutze solche Phänomene manchmal im Klavierunterricht: Hat ein Schüler mit einem bestimmten Takt eines Musikstückes immer wieder Schwierigkeiten, so setze ich mich auf seinen Platz am Klavier und übe stellvertretend für ihn diese Stelle. Wenn er sich dann anschließend wieder auf den Klavierhocker setzt, läuft es bei ihm häufig gleich besser (was natürlich auch andere Gründe haben kann).

Im Kapitel 4 „Das Phänomen" beschreibe ich eine Sichtweise, in der alle Wesen fähig sind, nur das wahrzunehmen, was sie selbst in sich als Modell von der Welt konstruiert haben. Betrachtet man das „Rollenspiel" in Aufstellungen unter dieser Sichtweise, dann können wir gar nicht „in eine Rolle schlüpfen" bzw. „aus einer Rolle heraustreten". Was passiert stattdessen?

In einer Aufstellung begeben wir uns in eine Situation, in der wir etwas spüren. Diesem Gefühl geben wir eine Bedeutung und meinen dadurch, etwas Bestimmtes wahrzunehmen. Die Wahrnehmung drücken wir dann entweder durch Handlungen oder durch Worte aus, wir „erleben" diese Wahrnehmung. Es ist, als ob wir ins Theater oder ins Kino gehen, uns einen bestimmten Film anschauen, ihn wahrnehmen und mit der Handlung „mitleben".

War dieser Film schockierend oder hatten wir uns besonders intensiv mit den Hauptdarstellern identifiziert, dann haben wir auch hinterher noch das Gefühl, „im Film zu sein". Unsere Erinnerung daran ist lebhaft. Bei manchen Menschen richtet sich sogar für ein paar Tage ihr Leben nach dem Film.

Nichts anderes passiert in einer Aufstellung: Hat uns ein Gefühl besonders berührt, haben wir uns damit identifizieren können oder haben wir intensiv „mitgelebt", dann beschäftigt es uns hinterher noch für längere Zeit. Wir erinnern uns immer wieder daran, sind noch „drin".

Übrigens: Nach einem beeindruckenden Film machen wir uns selten Gedanken, wie wir denn aus diesem Film wieder „herauskommen" können. Hier ist es völlig normal für uns, dass er uns noch eine Weile beeinflusst und beschäftigt.

Bei schönen, romantischen Filmen würden wir manchmal sogar gerne noch länger „drin bleiben" ...

Als Organisator vom Freien Aufstellen mache ich die Erfahrung, dass ich allmählich die Befürchtung verliere, eine Teilnehmerin könnte aus einer Rolle nicht mehr herauskommen. Parallel dazu passiert so etwas auch immer seltener bei mir. Das hat mir zu der Vermutung Anlass gegeben, dass ja auch in einem Aufstellungsworkshop eine Art „Meta-Aufstellung" geschieht: Wenn die Organisatorin bestimmte Befürchtungen hat, „rutschen" ihre TeilnehmerInnen automatisch und unbewusst in stellvertretende Rollen, um der Organisatorin ihre Befürchtungen zu spiegeln. Es passiert also tendenziell das, was sie bewusst oder unbewusst erwartet.

Geht eine Organisatorin davon aus, dass Entlassungsrituale notwendig sind, dann sind sie es auch. Geht sie davon aus, aufpassen zu müssen, dass ihre TeilnehmerInnen gut aus den Rollen wieder herauskommen, dann muss sie tatsächlich auch aufpassen – und die Geschehnisse werden sie immer wieder bestätigen.

Je länger ich mich mit den natürlichen resonierenden Empfindungen auseinandersetze, desto klarer wird mir die Tatsache der „selbsterfüllenden Prophezeiung" – auch und gerade in der Begleitung von Aufstellungen. Ich habe erkannt: Wenn ich die Verantwortung dafür, ob jemand in seinen Gefühlen noch intensiv mit der gespielten Rolle in Verbindung bleibt, ganz bei ihm lasse und mich nicht mehr darum sorge, wenn ich also die Ansicht habe, dass jeder eigenverantwortlich entscheidet und handelt, dann geschieht das auch so. Die Rollengefühle werden genauso wenig zum Problem, wie die Gefühle nach einem tief berührenden Film. Es ist „normaler Alltag", sowohl für mich als auch für die TeilnehmerInnen meiner Workshops.

In dem Abschnitt „Gefahren" auf Seite 125 ff. führe ich „trotzdem" weitere wichtige Erfahrungen zu diesem Thema aus. Denn auch das gehört dazu …

Die gastgebende Organisatorin als Stellvertreterin

Auch die gastgebende Organisatorin kann sich als Stellvertreterin für eine Aufstellung zur Verfügung stellen, denn in der Freien Systemischen Aufstellung existiert kein fester Leiter (außer wenn es von der aufstellenden Person so gewünscht wird). Das gilt besonders für kleine Gruppen, wenn dort gerade viele Personen zum Aufstellen benötigt werden.

Man könnte meinen, dass man sich als Organisatorin nicht richtig auf die Stellvertreterrolle einlassen kann, doch meine Erfahrung zeigt, dass es genauso gut funktioniert. Ich konnte mich bisher jederzeit aus einer Rolle zurückziehen und als Organisator weiter agieren, wobei ich sowohl zur Rolle des Stellvertreters als auch zur Rolle des Organisators sofortigen Zugang erhielt. Ich habe mich sogar hintereinander in drei verschiedene Stellvertreterpositionen hineinversetzt und im Nachhinein als Organisator Ideen dazu geäußert. Das ist genau dasselbe, wie es in Einzelberatungen geschieht, wenn ein

Berater sich in die verschiedenen Plätze einfühlt, die die Klientin mit Bodenankern (Zetteln, Schuhen oder Steinen) markiert und benannt hat, und anschließend Tipps dazu gibt.

Regel 24:

Auch die/der gastgebende OrganisatorIn kann Rollen als Stellvertreterln annehmen.

Meine Erfahrung war bisher, dass ich in meiner Stellvertreterrolle bleibe, solange Impulse und Ideen von anderen kommen. Nur manchmal gehe ich aus der Rolle heraus, um als Außenstehender Veränderungsvorschläge mitzuteilen. Selten gebe ich die Rolle ganz ab und mache mich zum „spontanen Leiter" der Aufstellung.

Einmal zog ich mich vollständig aus einer Stellvertreterrolle zurück und wechselte in die Leitungsposition. Ein Teilnehmer, der diese Rolle anschließend übernommen hatte, verspürte ebenso das Bedürfnis, sich davon zurückzuziehen. Am Schluss verließ er als Stellvertreter den Raum und demonstrierte ein mögliches „Weggehen aus dem Leben".

Dies zeigt: Mein Wechsel aus der Rolle in die Leitungsposition spiegelte auf der einen Seite meinen persönlichen Wunsch, die Aufstellung für kurze Zeit zu leiten, und auf der anderen Seite die vorhandene Dynamik des Weggehens, die in der Rolle zu spüren war. Beides gehört zusammen: Der Wunsch nach Kontrolle (= Leitung) entsteht meistens im Angesicht von Ohnmacht.

Wechsel von StellvertreterInnen

Es besteht die Möglichkeit, StellvertreterInnen während einer Aufstellung auszuwechseln. Interessant dabei ist, was verschiedene Personen in der gleichen Rolle ähnlich oder ganz unterschiedlich wahrnehmen. Auch dies kann wieder als Spiegel genutzt werden. Zusätzlich kann man daraus den Schluss ziehen, dass nicht jedes von StellvertreterInnen geäußerte Detail in Aufstellungen unbedingt wichtig sein muss. Nicht alles muss uns „etwas sagen". Es hängt wieder von unserem Standpunkt ab, von dem aus wir etwas betrachten. Wenn wir wollen, können wir allem, was passiert, eine Bedeutung geben, und wenn wir wollen, können wir es als bedeutungslos vorüberziehen lassen. Auch das gehört dazu.

Im Extremfall können sogar StellvertreterInnen ständig alle paar Minuten ausgewechselt werden. So wird verhindert, dass einzelne Personen sich ein zu „festes" Bild von ihrer Rolle machen. Außerdem können dadurch die wesentlichen Gefühle einer Rolle genauer herausgefiltert werden (= Was stimmt bei allen überein?).

Mir wurde erzählt, dass einmal mit dem Team einer Firma auf diese Weise intensiv gearbeitet wurde. Dabei standen keine „neutralen" StellvertreterInnen zur Verfügung wie in einem größeren Seminar, sondern nur das Team selbst. Durch den ständigen Wechsel in den Stellvertreterrollen traten persönliche Interpretationen einzelner Personen in den Hintergrund und die Hauptdynamik in einer Rolle konnte deutlicher erfasst werden.

Regel 25:

Um eine Rollendynamik genauer kennenzulernen, können StellvertreterInnen in rascher Folge ausgewechselt werden.

„Sich öffnen" heißt „Fließen"

Wenn alle StellvertreterInnen von der aufstellenden Person die Aufgabe erhalten, frei mitzuteilen, was sie fühlen, und im Weiteren auch danach zu handeln, geht es darum, zu jedem Zeitpunkt aktiv zu sein. Aufstellungen können dadurch zu einem sehr dynamischen Rollenspiel werden. StellvertreterInnen können sich gegenseitig „jagen", in eine Diskussion geraten oder Dinge tun, die niemand erwartet hat, und dadurch der Aufstellung eine bestimmte Richtung geben. Gerade diese Freiheit, spontan und intuitiv zu handeln, wird oft als sehr stimmig und tiefgehend erlebt.

Ab und zu wird sehr viel diskutiert. Dann entsteht irgendwo in der Gruppe eine Aggression gegen dieses Diskutieren, was der Aufstellung eine neue Wendung geben kann. Sowohl die Diskussion als auch die Aggression kann man als Teil der Aufstellung deuten.

Manche sehen so einen offenen Verlauf als eine „oberflächliche" Aufstellungsform an, die Tiefe vermeidet oder zerredet. Ich habe gelernt, dass selbst diese Vermeidung dazugehört und weitere Bewegungen auslösen kann, wenn sie aufgegriffen und bewusst gemacht wird.

In diesem Zusammenhang bin ich schon des Öfteren eines Besseren belehrt worden: Als StellvertreterInnen über die gerade vorhandene Energie in der Aufstellung zu diskutieren begannen und nicht mehr aufhörten, wurde es für mich als Organisator fast aussichtslos. Als ich ansetzte, um einen Verbesserungsvorschlag anzubieten, rief die aufstellende Person: „Ja! Das ist genau so, wie ich es kenne. So verhalten sich die wirklichen Personen!" – Diese Diskussion war ein deutlicher Spiegel, ein Teil der Aufstellung. Ich hielt es zunächst für ein Hindernis in der Aufstellung – dabei gehörte es dazu.

Durch solche Situationen geprägt, habe ich als Organisator ein immer größer werdendes Vertrauen entwickelt. In (fast) jeder Situation sage ich mir: „Und auch das gehört irgendwie dazu." Mache ich dann doch einen Verbesserungsvorschlag, dann sehe ich gleichzeitig: „Und auch dieser Vorschlag gehört dazu. Ich spiele dadurch eine bestimmte Rolle in der Aufstellung."

Mit dem Satz „ … und auch das gehört dazu" gelangt man immer wieder auf eine neue „Meta-Ebene" (= übergeordnete, umfassendere, nächstfolgende Ebene), die neue Erkenntnisse von Zusammenhängen bringen kann. Man bleibt im Fluss.

Es ist wie im Leben: Integration bringt den nächsten Schritt.

Auf diese Weise kann nicht nur eine Öffnung der StellvertreterInnen wirkungsvoll sein, sondern auch die Öffnung aller Anwesenden. Wenn ein Zuschauer plötzlich an einer Aufstellung teilnehmen will oder fühlt, wie er auf Veränderungen in der Aufstellung reagiert, könnte das Mitteilen oder Ausleben seines Impulses der aufstellenden Person bei ihrer Lösung hilfreich sein.

Regel 26:

Hat die aufstellende Person als ChefIn ihrer Aufstellung erlaubt, dass alle ihren Impulsen folgen dürfen, dann kann jede(r) ZuschauerIn, die/der Gefühle und Impulse durch die Aufstellung erhält, diese mitteilen. Fühlt sie/er sich auf irgendeine Art und Weise beteiligt, so gehört sie/er bereits zur Aufstellung.

Damit nicht der Eindruck entsteht, dass eine solche Beteiligung unumgänglich ist, erinnere ich daran, dass jeder die Verantwortung dafür trägt, eine Rolle zu übernehmen oder sich dem Ganzen zu entziehen. Jeder ist frei, auch während einer Aufstellung den Raum zu verlassen und sich von einer Situation vollkommen zurückzuziehen.

Wenn jemand den Raum verlässt, ein anderer später zum Workshop kommt und während einer Aufstellung den Raum betritt, wenn ein nicht ausgeschaltetes Handy klingelt oder irgendeine weitere „Störung" auftaucht, nehme ich auch diese Situationen immer wieder zum Anlass, mir (oder auch der aufstellenden Person oder der Gruppe) zu sagen, dass es irgendwie zur Aufstellung dazugehören könnte. Ich suche nach einer Deutung oder beobachte, ob es einfach nur eine Ablenkung, ein Loslassen, einen bedeutungslosen (oder vielleicht auch notwendigen) Wechsel der Aufmerksamkeit darstellt.

Während einer Aufstellung hat beispielsweise ein 1 ½ jähriges Kind unter den Zuschauern ständig vor sich hingesungen, so dass eine „Geräuschkulisse" darüber lag und Worte von StellvertreterInnen schwerer verständlich waren. Als es aufhörte, fingen direkt danach Kirchenglocken an zu läuten, die Geräuschkulisse setzte sich damit fort. Die aufstellende Person bestätigte: Es sei in der Familie sehr ähnlich, über allem würde irgendwie eine „Decke" liegen und viele Themen seien schwer zugänglich.

Hier war deutlich, dass das Kind und sogar die Glocken für die aufstellende Person etwas spiegelten.

Es ist als Zuschauer immer möglich, für seine eigene Entspannung zu sorgen, z. B. während einer Aufstellung einzuschlafen, seinen Gedanken freien Lauf zu lassen, abzuschalten oder sich auf einen Spaziergang zurückzuziehen.

Regel 27:

Setzt die aufstellende Person keine Grenzen, dann ist während ihrer Aufstellung für die TeilnehmerInnen alles möglich: kommen, gehen, sich beteiligen, sich einmischen, sich zurückziehen. Jeder sorgt für sich selbst.

Wenn ein Stellvertreter oder auch ein Zuschauer das Bedürfnis hat, der Organisatorin oder der gerade aktiven Leiterin zu widersprechen oder in der Aufstellung etwas anderes zu tun als das, was gerade angeboten wird, könnte auch das dazugehören. Jeder kann das tun oder lassen, was und wie es für ihn selbst stimmt, solange die aufstellende Person keine Grenzen für ihre Aufstellung gesetzt hat.

Regel 28:

Widerstand und Trotz in den StellvertreterInnen und ZuschauerInnen gegenüber LeiterInnen oder OrganisatorInnen können auch dazugehören und einen Spiegel bieten.

Wichtig ist dabei immer wieder, dass die aufstellende Person das letzte Wort hat und in der ChefIn-Rolle bleibt. Wenn sie nicht möchte, dass etwas dazugehört, dann kann sie klare Grenzen setzen. Es ist ihre eigene Aufstellung und sie kann entscheiden, was für sie wichtig ist und was nicht, was sie sich anschauen möchte und was nicht, wofür sie sich öffnet und wofür nicht.

Zur Öffnung gehört auch der freie Emotionsfluss.

Regel 29:

Setzt die aufstellende Person keine Grenzen, dann erhalten alle Arten von Weinen und Lachen den Raum, den sie brauchen.

Ich kenne es aus meinem Alltag, dass ich manchmal überraschend von einer Trauer „überfallen" werde, nachdem sich mir eine Lösung offenbart hatte, die mich in ein neues Gleichgewicht brachte. Ich erlebte z. B. etwas Wunderschönes, entweder in einer Partnerschaft, mit Freunden, in einer Gruppe oder durch eine Aufstellung. Und anschließend, manchmal auch einen Tag später, wenn der Alltag mich wieder eingeholt hatte, rutschte ich in eine Depression, die sich durch heftige Tränen entlud. Dabei kamen Sätze hoch wie z. B.:

„Warum durfte ich das nicht schon früher erleben!"

„Was habe ich alles versäumt, ... dadurch dass ich so blockiert war!"

„Ich hatte dieses schöne Gefühl so vermisst! Und erst jetzt merke ich, wie ich es vermisst hatte ..."

„Endlich!" ...

Wenn ich mich ausgeweint hatte, war diese Phase vorüber und ich konnte mein neues Gleichgewicht voll annehmen. Dabei war ich wieder frei, erkennen zu können, wie wichtig das frühere Problem für mich in Wirklichkeit gewesen war und was ich dadurch alles erleben konnte.

Solche befreienden Tränenausbrüche können auch bereits während einer Aufstellung unerwartet geschehen. Sie gehören dazu und ich empfehle, ihnen den ganzen Raum zu geben, den sie brauchen.

Tränen haben ihr eigenes Ende. An mir selbst habe ich erfahren, wenn ich sie unterbreche, dass sie sich bei nächster Gelegenheit fortsetzen. Dies kann zweierlei zeigen: *Unverarbeitete Trauer ist jederzeit nachholbar* und *unverarbeitete Trauer wartet auf ihre Verarbeitung.* Sie kann also anderes blockieren, wenn sie nicht vollständig ausgelebt ist.

Ich habe einmal die Ansicht von einem Therapeuten gehört, dass man beim Weinen mit geschlossenen Augen in die Vergangenheit gleitet und nicht mehr auf die gegenwärtige Situation reagiert. Deshalb sucht er danach, TeilnehmerInnen, die mit geschlossenen Augen in Tränen ausbrechen, zum Öffnen der Augen und zum tiefen Durchatmen zu bewegen. Er hat Recht: Beides bringt aus der Trauer heraus und in Kontakt mit der Gegenwart.

Ich habe die Erfahrung gemacht, dass gegenwärtige Situationen in mir eine unverarbeitete Trauer auslösen können. Mit dieser Trauer komme ich besonders gut in Kontakt, wenn ich die Augen schließe. Dadurch gebe ich mir selbst die Chance, in Berührung mit der Vergangenheit meine Trauer nachträglich zu verarbeiten.

Eine gegenwärtige Situation dient mir als „Stellvertreter" (als Spiegel), um mit ihrer Hilfe „veraltete" und blockierte Trauer wieder in Fluss zu bringen. Hatten sich meine Tränen selbstständig beendet, konnte ich mich jedes Mal neu öffnen, um auf gelöste Weise in voller Kraft der Gegenwart zu begegnen.

Wut

Alle Emotionen gehören dazu. Ich setze jedoch dem Ausleben einer bestimmten Emotion in meinen Workshops eine klare Grenze: der Wut.

Als Organisator gebe ich immer wieder den Hinweis, Aggressionen weniger auszuleben, sondern mehr das Gefühl zu schildern. Wer als StellvertreterIn zu schreien beginnt oder das Wutgefühl an anderen auslassen will, wird gebeten, dies zu unterlassen und den gefühlten Zustand beschreibend in Worte zu fassen. Es besteht aber auch die Möglichkeit, den Wunsch des Auslebens anzukündigen und es dann mit Zustimmung aller TeilnehmerInnen auszudrücken.

Regel 30:
Aggressionen sollten angekündigt und nur ausgelebt werden, wenn alle damit einverstanden sind.

Dadurch soll vermieden werden, dass TeilnehmerInnen über ein bestimmtes Maß hinaus erschreckt werden, wenn sie es nicht gewohnt sind, solche Wutausbrüche gelassen zu beobachten.

Dieser Schutz gelingt nicht immer, weil nicht jeder Schreck kontrolliert werden kann.

Ist die gesamte Gruppe einverstanden, so könnte dem Aggressiv-Fühlenden auch die Möglichkeit eingeräumt werden, seine Wut für eine gewisse Zeit an Kissen oder Matratzen auszulassen.

Unterstützende Haltungen gegenüber anderen

In Seminaren sorgt es für ein gutes Klima, wenn alle TeilnehmerInnen die gerade ablaufende Aufstellung einer Person so achten, wie sie ist. Denn jede aufstellende Person hat die Wahl, wie tief sie mit ihrer Aufstellung gehen möchte, oder ob sie lieber zunächst einmal vorsichtig an der Oberfläche bleiben will.

Ein achtungsvolles Klima entsteht, wenn man seine eigenen Sichtweisen und Überzeugungen nicht allwissend aufzwingt, sondern lediglich seine Gedanken und Gefühle in Form einer Rückmeldung als „Spiegel" anbietet und anschließend loslässt. Man ist dabei ein „Realitäten-Kellner" und bietet unterschiedliche Realitäten an. Der andere hat die Wahl, ob er sich bedient und es nimmt oder es lässt. Wie intensiv oder „tief" ein Angebot genutzt wird, bleibt in der Verantwortung jedes Einzelnen.

Wenn wir generell den Wunsch verspüren, einer anderen Person zu helfen, gehen wir automatisch ein Gleichgewicht zum Schicksal dieser Person ein. Dieses Gleichgewicht führt dazu, dass wir beginnen, die Last des anderen zu spüren. Und diese Last wollen wir wiederum verringern, indem wir versuchen, dem anderen zu helfen. Wenn uns das jedoch unangenehm zu „belasten" beginnt, können wir auch danach suchen, was das fremde Schicksal mit unserem eigenen zu tun hat, was es in uns auslöst und was wir daraus möglicherweise lernen.

Wir können uns lange und tief davor verneigen, bis die Belastung weniger wird oder verschwindet. Folgende Sätze können dabei unterstützen:

Ich achte dich und dein Schicksal und sehe es ganz bei dir.
Du trägst dein Schicksal und ich trage mein Schicksal.
Was mich berührt, hat allein mit mir zu tun.
Das, was dein Schicksal in mir ausgelöst hat, hat nur mit mir zu tun.
Ich erkenne, dass ich dir nicht helfen kann.
Ich traue dir zu, dass du dein Schicksal ganz allein tragen kannst.
Nur du kannst aus deinem Schicksal lernen.
Ich lerne aus meinem Schicksal.
Ich vertraue darauf, dass es so sein soll, wie es ist, und ziehe mich zurück.

Es gibt Situationen, in denen wir andere Menschen so achten können, wie sie sind. Gleichzeitig haben wir den Wunsch, dass unsere Achtung beim anderen „ankommt" und so wirken kann, dass der andere sich wohl fühlt. Doch dieser Wunsch ist eine versteckte Forderung an unser Gegenüber und damit eine Missachtung. Folgende Sätze können in so einer Situation stärkend wirken:

Auch wenn ich mich von dir nicht geachtet fühle, achte ich dich.
Auch wenn du mir nicht glaubst, achte ich dich.
Auch wenn du es nicht sehen kannst und es bei dir nicht ankommt, achte ich dich und dein Schicksal.

„Achten" heißt nicht „etwas hinnehmen", sondern sich davor verneigen und „es liebevoll so lassen" oder „es in Liebe abgeben". Man kann sich auch freundlich von etwas zurückziehen, es so lassen, wie es ist, und sich einen neuen Platz suchen, der einem guttut.

In meinen Workshops gebe ich noch weitere Empfehlungen:

Achte die Intimität der anderen. Wenn du nach dem Workshop von dem erzählen musst, was du erlebt hast, nenne bitte keine Namen, auch wenn ihr gut befreundet seid. Denn es könnte dabei aus Versehen eine Grenze überschritten werden.

Auf der anderen Seite wünsche es dir, aber kämpfe nicht darum, dass deine Intimität gewahrt bleibt. Gehe davon aus, dass andere Personen deine Schwierigkeiten weitererzählen könnten. Achte es, dass du dich möglicherweise nicht geachtet fühlst. Lasse es so und lerne dadurch, zu dir selbst zu stehen.

Eine Forderung von dir nach Verständnis, Erlaubnis und Achtung von anderen würde zeigen, dass du in Wirklichkeit die anderen nicht verstehst. Forderst du, dann kannst du gerade nicht nachvollziehen, warum sie dir keine Erlaubnis oder Achtung geben. Dadurch missachtest du sie selbst. Diese Missachtung könnte auf dich zurückwirken.

Das Leben gibt uns oft nicht das, was wir wollen, sondern eher das, was wir brauchen. Es versteht uns mehr als wir es verstehen. Und wenn es uns manchmal doch das gibt, was wir wollen, haben wir es wahrscheinlich auch gebraucht.

Wir können danach suchen, auf welchen Gebieten wir sowohl uns selbst als auch allen anderen Verständnis, Erlaubnis und Achtung geben. Wir können üben, andere darin zu achten, dass sie uns nicht verstehen, uns etwas nicht erlauben wollen, uns momentan nicht zu achten scheinen. Wir können andere so lassen wie sie sind, uns vor ihnen verneigen und uns gleichzeitig den Platz suchen, der uns selbst guttut.

Regel 31:

Mit Achtung können wir andere so lassen, wie sie sind. Gleichzeitig können wir den Platz finden, der uns selbst gut tut.

Gefahren

So wie es gefährlich sein kann, Auto, Fahrrad oder Bahn zu fahren, im Flugzeug zu fliegen, Extremsport zu machen, sich nachts durch einsame Straßen zu bewegen, in Partnerschaften heikle, verdrängte Themen anzusprechen, ausgelassene Partys zu feiern etc., so kann es auch gefährlich sein, Aufstellungen durchzuführen.

Hier – wie überall – gilt: Jeder muss auf sich selbst aufpassen. Man sollte nur so weit gehen, wie man vom eigenen Gefühl und Verstand geführt wird.

Regel 32:
Das eigene Gefühl und der eigene Verstand schützen uns selbst am besten. Genau dazu sind sie da.

Wer nach dem Lesen dieses Buches ein ungutes Gefühl zu Freien Systemischen Aufstellungen hat und daran zweifelt, der sollte sein Gefühl ernst nehmen. Gleichzeitig fände ich es interessant, mich mit dieser Person auszutauschen, denn Zweifel kann ein Zeichen dafür sein, dass jemand eine Frage hat. Und vielleicht habe ich mir selbst diese Frage noch nie gestellt. Vielleicht kann mir die Begegnung mit diesem Zweifel etwas Neues bringen und meine Sichtweise erweitern.

Ich behaupte also nicht, dass ich von meinem Standpunkt aus in diesem Buch das gesamte Feld der Aufstellungen abgedeckt habe und nun sorgenfrei mitteilen kann: Ihnen wird bei der Freien Systemischen Aufstellung nichts Nennenswertes passieren.

Auch ich sehe nur einen Teil vom Ganzen.

Deshalb betone ich besonders, dass Sie sehr aufmerksam Ihrem eigenen Gefühl und Ihrem Verstand folgen sollten. Verlassen Sie sich nicht blind auf Erklärungen, Deutungen und Behauptungen von (scheinbar) erfahrenen und wissenden Personen (die alle nur ihren Teil vom Ganzen sehen können), sondern überprüfen Sie es immer selbst an Ihrem Gefühl. Seien Sie ruhig misstrauisch, auch diesem Buch gegenüber.

Angst und Zweifel sind wichtige Zeichen, die ernst zu nehmen sind. Werten Sie sich selbst nicht ab, wenn Sie solche Gefühle wahrnehmen, aber noch nicht begründen können (und lassen Sie sich deshalb auch nicht von anderen abwerten oder überreden).

Wenn wir uns Sorgen machen, kann uns das vor etwas schützen, das wir mit unserem Verstand gegenwärtig noch nicht überblicken. Auch die Bedenken, sich in einer Aufstellung mit seinem Problem vor der gesamten Gruppe zu entblößen, gehören dazu. Man sollte vorsichtig damit umgehen, sich ganz langsam herantasten und dabei immer seinem Gefühl folgen.

Und selbst dann besteht die Möglichkeit, dass man durch etwas Unerwartetes tief erschreckt oder erschüttert wird.

Erfahrene AufstellungsleiterInnen, die sich mit schweren Krankheiten auseinandersetzen, haben erlebt, dass eine Stellvertreterrolle, in der ein besonders schlimmes Schicksal zu tragen ist, sich auf die Person belastend auswirken kann, die diese Rolle übernimmt. Natürlich hängt es auch von der Labilität desjenigen ab. Wenn jedoch beides zusammenfällt, also ein psychisch labiler Teilnehmer eine schwerwiegende Rolle übernimmt, könnte es nach Meinung dieser AufstellungsleiterInnen zu Psychosen kommen, die unbedingt einer fachmännischen Betreuung bedürfen. Ein Aufstellungskollege berichtete mir von einem weniger tragischen Erlebnis:

Eine Stellvertreterin war in der Aufstellung nach einiger Zeit nicht mehr ansprechbar. Sie lag auf dem Boden, mit dem Gesicht nach unten und atmete schnell. Als ich sie an ihrem Fuß berührte, zuckte sie am ganzen Körper zusammen. Wie ein Blitz durchfuhr es sie, doch auf Fragen reagierte sie noch nicht. Ich kniete mich neben sie und fragte weiter:

‚Was fühlst du gerade? Beschreib' mal.' Sie reagierte nicht.

‚Ich glaube, es ist besser, wenn du dich aus der Rolle zurückziehst und sie wieder abgibst.'

Langsam begann sie sich zu bewegen. In meinen nächsten Sätzen setzte ich einen Trick ein, indem ich davon ausging, sie hätte sich bereits von der Rolle distanziert, und sprach sie auf diese Weise an:

‚Erzähl' mal, was du in dieser Rolle <u>gefühlt hast</u>. Fasse es mal <u>präzise</u> in Worte.' (Das Wort ‚präzise' impliziert die Wiederaufnahme von Kontrolle.)

Während ich ihr weiterhin ähnliche Fragen stellte, setzte sie sich allmählich auf und sagte als erstes, dass sie sich im Moment ganz schwindelig fühlen würde. Ich empfahl ihr, sich zunächst einmal auf einen Stuhl zu setzen und sich zu erholen. Anschließend sorgte ich dafür, dass jemand anderes sich an ihre Stelle auf den Boden legte, damit sie eindeutig sah, dass ihr die Rolle abgenommen wurde.

Später verließ sie den Raum, um sich frisch zu machen, und kam nach kurzer Zeit erholt wieder zurück. Einen Tag später telefonierte ich mit ihr, da ich mich dafür interessierte, wie es ihr weiter ergangen war. Sie erzählte, dass sie noch viel daran denke, doch ihr würde es gut dabei gehen.

Bemerkenswert war ihre Beschreibung, wie sie in diesen Zustand hineingerutscht war: Sie hatte es gar nicht gemerkt. Irgendwann fühlte sie in der Rolle einen Zweifel, ob sie noch eine gewisse Kontrolle hätte und ob sie den momentanen Zustand verändern wollte. Aber es war alles irgendwie nicht fassbar. Erst als sie am Fuß berührt wurde und man mit ihr zu sprechen begann, änderte sich etwas.

Später erzählte sie mir noch, dass sie solche Zustände auch selbst aus früheren Lebensjahren kannte. Die Rolle hatte also möglicherweise eine alte Erfahrung wieder zum Vorschein geholt.

Dies schien trotz der eigenen früheren Erfahrungen tatsächlich auch eine schwere Rolle gewesen zu sein, denn die Teilnehmerin, die die Rolle anschließend übernahm, soll ebenfalls gespürt haben, wie es sie 'in den Boden zog', und musste sich ständig bewegen, um nicht genauso hineinzurutschen. In diesem Fall hatte es also sowohl mit der früheren Erfahrung einer Teilnehmerin in Bezug auf „Abdriften" zu tun als auch mit der Energie der Rolle.

Ein Bekannter, der erfahrener Therapeut ist, bestätigte mir, dass er selbst ebenso als Stellvertreter in einer Situation nicht wahrnehmen konnte, dass ihm die Kontrolle entglitt. Er konnte zwischen sich und der Energie der Rolle nicht mehr unterscheiden.

Es gibt Zustände, in denen man sich nicht bewusst ist, dass der direkte Kontakt zu seiner Umwelt allmählich verloren geht. Es ist wie beim Einschlafen: Unsere Gedanken verwandeln sich langsam in Träume, ohne dass wir es merken. Erst wenn wir aufwachen, wird uns bewusst, dass wir ja geschlafen haben.

Den Einschlafprozess selbst können wir nicht bewusst verfolgen, also auch nicht kontrollieren. Und so gibt es manchmal Rollen, in denen wir unbewusst die Kontrolle verlieren können, wenn wir uns zu sehr darauf verlassen, vom Organisator wieder „geweckt" zu werden. Wir beginnen, uns mit den Stellvertretergefühlen immer stärker zu identifizieren, ohne es zu merken.

Aus diesem Grund ist es bei den Freien Systemischen Aufstellungen wichtig, sich dieser „Gefahr" bewusst zu sein und daher die volle Eigenverantwortung zu bewahren. Des Weiteren sollte man sich trotzdem in der Gruppe gegenseitig beobachten und durch Ansprechen und Fragen fürsorglich helfen. Reagiert jemand nicht mehr, könnte man ihn durch folgende oder ähnlich eindringlich gestellte Aufgaben wieder zu Reaktionen anregen: „Öffne deine Augen und sage, was du siehst und was du darüber denkst." – „Schau mich an."

Habe ich das Gefühl, dass jemand in seiner Rolle den Kontakt nach außen allmählich zu verlieren beginnt, frage ich zunächst, ob die Rolle noch in Ordnung für ihn ist. Kommt keine klare Reaktion, dann spreche ich ihn mit seinem Namen an, achte auf Augenkontakt (eine gute Möglichkeit, die Verbindung zum Außen wieder anzuregen) und frage, *was er **über** diese Rolle wahrnehmen kann und wie er darüber denkt.* Um diese Fragen beantworten zu können, muss er sich seiner Persönlichkeit und seiner persönlichen Meinung wieder bewusst werden und kann sich auf diese Weise von der Identifikation mit der Rolle unterscheiden.

Meines Erachtens ist es besonders wichtig, keinen zu einer Entscheidung oder Handlung zu veranlassen oder zu überreden. Jeder sollte, wenn er einen Zweifel oder eine Bremse fühlt, darin ernst genommen werden. Denn eben dieser Zweifel könnte vor solchen schweren Rollen oder Gefühlen schützen. Ein Beispiel:

In dem Buch „Praxis des Familien-Stellens" (Herausgeber: Gunthard Weber) erzählt Heidi Baitinger von einer Aufstellung, in der sie einen Teilnehmer aufforderte: „Geh´ hin zu dem Gefühl". Als er es nach anfänglichem Zögern zuließ, geriet er schreiend in einen Zustand, aus dem ihm so schnell keiner heraushelfen konnte. Erst nach zwei Stunden mithilfe von homöopathischen Mitteln soll es gelungen sein.

Wir können in einer solchen Situation als StellvertreterIn auch selbst vorbeugen, indem wir uns nicht „in eine Rolle einfühlen" und uns mit ihr zu „identifizieren" beginnen oder sie „mit Leib und Seele spielen" und sie vollkommen „ausleben", sondern immer nur „über die Gefühle dieser Rolle berichten" und das „beschreiben", was wir an dieser Stelle „wahrnehmen und beobachten".

Bleiben Sie einfach nur der Beobachter und der Berichterstatter einer Stellvertreterrolle, wenn Sie sie übernehmen.

Das Risiko, mit solchen energetisch schweren Stellvertreterrollen unerwartet konfrontiert zu werden, ist der Preis, den wir zahlen, wenn wir mit Aufstellungen selbstverantwortlich und frei umgehen. Dieses Risiko besteht jedoch ebenso im Alltag und bei Aufstellungen, die von erfahrenen TherapeutInnen begleitet werden. Niemand hat hundertprozentig die Kontrolle über eine Situation.

(Anmerkung im Jahr 2013:)

Dieses Buch schrieb ich ein paar Monate später, nachdem ich angefangen hatte, Freies Aufstellen zu organisieren. Nach 10 Jahren Erfahrungen kann ich nun berichten, dass am Anfang meiner Tätigkeit als Organisator solche scheinbar „gefährlichen" Situationen zunächst zwar aufgetaucht sind (sehr selten!), später aber gar nicht mehr. Heute vermute ich, dass es eine selbsterfüllende Prophezeiung oder eine Resonanz meiner TeilnehmerInnen zu meiner Befürchtung war. Denn am Anfang hatte ich noch die Befürchtung, dass mir so etwas in meinen Workshops begegnen würde, was sich aber im Laufe der Jahre auflöste. Parallel zum Verschwinden meiner Befürchtung verschwanden auch die problematischen Situationen.

Eine weitere Gefahr könnte sein, dass dogmatisch auftretende AufstellungsleiterInnen durch negative Deutungen und belastende Interpretationen oder Schuldzuweisungen TeilnehmerInnen psychisch schwächen und peinigen. Dies sehe ich bei Freien Systemischen Aufstellungen weniger gegeben. Denn hier ist jeder dazu aufgefordert, Hinweise, Deutungen und Vorschläge anderer zurückzuweisen, wenn sie keine Hilfe oder Unterstützung darstellen. Außerdem können andere TeilnehmerInnen solche Aussagen durch Gegenaussagen entlasten.

Ich ergänze, dass von einem bestimmten Standpunkt aus gesehen Aufstellungen unerwünschte Nebenwirkungen haben können:

Ein Teilnehmer führte eine Aufstellung durch über das Thema: „Ich und meine frühere Partnerin". Die Trennung der beiden hatte vor wenigen Monaten stattgefunden. Trotzdem waren sie noch ab und zu in Kontakt miteinander. In der Aufstellung zeigte sich, dass die Stellvertreterin der Partnerin wegwollte. Auch nachdem wir die Person in der Stellvertreterrolle ausgewechselt hatten, zeigte sich weiterhin diese Dynamik. Als sie schließlich aus dem Raum ging, blieb dem Stellvertreter des Teilnehmers nichts anderes übrig, als dieses Schicksal zu achten und sie ziehen zu lassen.

Später rief mich der Teilnehmer an und berichtete mir, dass seine Partnerin bis jetzt nicht mehr angerufen hätte. Sie wusste nichts von der Aufstellung, meldete sich aber seit diesem Tag nicht mehr. Er war damit unzufrieden, denn er hatte doch gewünscht, dass sie durch eine Aufstellung wieder zu einem intensiveren Kontakt finden könnten.

Der Teilnehmer glaubte nun, dass die Aufstellung das Verhalten seiner Partnerin auf negative Weise beeinflusst hatte.

Solcher unerwünschten „Nebenwirkungen" sollte man sich bewusst sein!

Von einem weiteren Standpunkt aus könnte man diese Situation anders deuten: In der Aufstellung zeigte sich bei der Stellvertreterin der „reale" Wunsch der Partnerin zu gehen. Der Teilnehmer nahm dies wahr und wurde so in gewisser Weise auf diese Möglichkeit vorbereitet, auch wenn es nicht seinem Wunsch entsprach. Die Partnerin konnte „aus der Ferne" erspüren, dass er nicht mehr aus allen Wolken fallen würde, wenn sie sich nun nicht mehr meldete. Und so war sie freier und konnte es sich jetzt erlauben, sich zu distanzieren.

Von einem dritten Standpunkt aus gesehen könnte man sagen, dass die Aufstellung einen Blick in die Zukunft gewährt hat: In der Aufstellung hat sich gezeigt, was in nächster Zeit sowieso passieren würde. Oder es war purer Zufall, dass sich die Partnerin genau seit dem Tag der Aufstellung nicht mehr meldete …

In einem anderen Fall erzählte mir eine Mutter, dass ihr Kind am Tag nach ihrer Aufstellung (bei der das Kind nicht anwesend war) einen kleinen Unfall hatte. Es war von der Schaukel gefallen. Die Mutter hatte im Workshop sich und ihr Kind aufgestellt, wobei sich keine klare und erleichternde Lösung zeigte. Rief die Aufstellung nun diesen Unfall hervor?

Ich fragte die Mutter, wie sie sich an diesem Tag gefühlt hatte, bevor der Unfall passiert war. Sie erzählte, dass sie innerlich zurückgezogen war und sich gedanklich viel mit der Aufstellung beschäftigte. Meine Interpretation der Situation ist: Die Mutter war gedanklich abwesend, und das Kind ist zu dem Zustand der Mutter ein Gleichgewicht eingegangen, konnte sich selbst nicht klar kontrollieren und fiel deshalb von der Schaukel. Der Unfall des Kindes konnte ein weiterer Spiegel für die Mutter sein.

Kinder und Aufstellungen

Da ich nicht weiß, wie Aufstellungen allgemein bei Erwachsenen wirken und sie beeinflussen, weiß ich auch nicht, wie sie auf Kinder wirken.

Ich schrieb: „Erfahrung ist nicht, was einem Menschen widerfährt, sondern was er daraus macht." Eine Aufstellung wirkt meiner Meinung nach nicht auf uns, sondern wir beeinflussen uns selbst durch unsere Art, wie wir das Erlebte bewusst oder unbewusst deuten und interpretieren.

Es gibt die Sichtweise, dass teilnehmende Kinder „starken Energien", dem „Feld" oder der „Schwingung" einer Aufstellung ausgesetzt sind und dadurch nachteilig beeinflusst werden können.

Das sind Behauptungen, die noch nicht belegt wurden, weil nicht einmal die Existenz eines Feldes wissenschaftlich nachgewiesen ist. Es ist eine Theorie, mit der man die Phänomene zu beschreiben versucht.

Da ich in dem folgenden Kapitel ebenso theoretisch das Phänomen der „resonierenden Empfindung" zu erklären versuche, betrachte ich mit meiner Theorie auch die Wahrnehmungsfähigkeit der Kinder. Doch meine Behauptungen sind genauso wenig wissenschaftlich bewiesen oder widerlegt.

Ich gehe davon aus, dass alle Wesen auf einer energetischen Ebene konstant miteinander in Verbindung stehen. Wenn dies der Fall ist, dann ist diese Verbindung gerade für Kinder besonders „alltäglich" und „natürlich". Das, was in Aufstellungen an Phänomenen auftaucht, geschieht im Alltag gleichermaßen. Kinder sind dies also gewohnt (vielleicht sogar gewohnter als wir) und sind damit in Aufstellungen genau den gleichen Situationen und Gefahren ausgesetzt wie im Alltag. Bricht beispielsweise die Mutter in Tränen aus, hat es auf das Kind die gleiche Wirkung, als wenn die Mutter zu Hause zu weinen beginnt. Das Kind deutet die Situation auf sich selbst bezogen: Sind die Eltern für mich da? Sind sie freundlich und offen? Kann ich mich in den schützenden Arm von Papa kuscheln?

Sieht ein Kind einen Erwachsenen mit schwerem Schicksal in einer Aufstellung, so fühlt es das Gleiche, wie wenn es diesem Erwachsenen auf der Straße begegnet. Entscheidend ist immer: Stehen die Eltern als Schutz zur Verfügung?

Regt eine Aufstellung dazu an, dass Eltern sich innerlich so intensiv mit sich selbst beschäftigen, dass sie nicht mehr für das Kind da sein können, kann es das spüren. Für das Kind entsteht eine Belastung, wenn die Eltern nicht zugänglich sind und das Kind eher als Störung empfinden. Hier beginnt es sich ausgeschlossen zu fühlen und reagiert auf seine Weise darauf.

Ich behaupte: Es ist nicht die Aufstellung, die sich auf das Kind auswirkt, sondern es ist die gegenwärtige Ausstrahlung der Eltern, die es wahrnimmt und auf die es auf seine Weise reagiert.

Was Kinder ganz eindeutig beeinflussen kann, ist:

- lautes Schreien von AufstellungsteilnehmerInnen;
- die körperliche oder emotionale Abwesenheit seiner Eltern;
- eine körperliche Verletzung des Kindes (z. B. wenn aus Versehen eine Teilnehmerin über das Kind stolpert);
- unfreundliches Auftreten von Personen gegenüber dem Kind oder anderen TeilnehmerInnen.

Dadurch können sich Kinder erschrecken, abgelehnt fühlen oder Angst bekommen, so wie im Alltag auch.

Ich habe noch wenig praktische Erfahrungen, wie Kinder auf Aufstellungen reagieren. Aber das, was ich bislang erlebt habe, passt in das gezeichnete Bild hinein. Bis jetzt waren in meinen Workshops ein 7 Monate altes Baby, ein 2-, ein 5- und ein 10-jähriges Kind anwesend. Sowohl die Eltern als auch ich hatten dazu ein gutes Gefühl. Also stand einer Teilnahme der Kinder nichts im Wege.

Als ich die Kinder während der Workshops beobachtete, konnte ich keine Belastungen feststellen. Sie schienen sich frei und wohl zu fühlen, auch in der Folgezeit, wie mir berichtet wurde. Der Zehnjährige hat sogar mit großem Erfolg eine eigene Aufstellung durchgeführt (Marianne Franke-Gricksch hat als Familientherapeutin und Lehrerin weitere beeindruckende Erfahrungen mit Kindern machen können und dies in dem Buch „Du gehörst zu uns" veröffentlicht).

Doch auch hier sage ich wieder: Folgen Sie Ihrem Gefühl. Wollen Sie Kinder aus einer Aufstellung heraushalten, so gehört auch das dazu.

Alle vier Kinder hatten während den Aufstellungen eine zufriedene Ausstrahlung, haben nebenbei gespielt, sind ab und zu durch eine Aufstellung oder zu einem Stellvertreter hingelaufen, haben manchmal laut gesungen etc.

Das Interessante dabei war: Alles, was sie getan haben, konnte einen Spiegel für das darstellen, was in der Gruppe geschah. Es passte oft genau zum Thema. Die Kinder waren „natürliche" Stellvertreterlnnen und gehörten vollkommen dazu. Anscheinend fühlten sie sich selbst auch in die Gruppe integriert.

Dieses „natürliche Stellvertreterdasein" der Kinder regt wieder zu der Frage an, auf welche Weise sie das erspüren. Gibt es doch eine Art „Feld" in einer Aufstellung, das Kinder beeinflusst? …

Wer jedoch genauer seinen Alltag mit Kindern beobachtet, wird feststellen, dass sie auch hier passend auf Situationen reagieren. Wenn es beispielsweise den Eltern schlecht geht, geht es meistens auch den Kindern schlecht. Sie sind „natürliche StellvertreterInnen" und können damit Spiegel für uns Erwachsene darstellen.

IV

Das Phänomen

Durch einen langen Prozess und die intensive Beschäftigung mit mir selbst konnte ich die im Folgenden dargestellten Sichtweisen entwickeln. Dieses Weltbild gibt mir immer wieder die Kraft und das Vertrauen, mich in das Freie Aufstellen „hineinfallen zu lassen". Es ist mein Standpunkt, von dem aus ich folgenden Teil des Ganzen erkennen kann:

Wie funktioniert Wahrnehmung?

Mir ist das universelle Grundgesetz bewusst geworden:

Jedes Element hat den Wunsch nach Gleichgewicht.

Daraus lassen sich stimmige Erklärungen für alle möglichen Phänomene ableiten. Sie sind ausführlich erläutert in meinem Buch *Die Vollkommenheit des Universums* (2001/2013).

Alles ist Energie. Diese Energie existiert in verschiedenen Formen, die einzeln betrachtet Wünsche nach Gleichgewicht haben.

Daher gibt es keine Trennungen zwischen Elementen. Alles ist miteinander verbunden und unterscheidet sich nur dadurch voneinander, dass sich verschiedene Formen, verschiedene Gestalten, unterschiedliche Zustände und Ungleichgewichte gebildet haben.

Es gibt nur „Unterscheidungen" der überall vorhandenen Energie.

Wenn ich auf diese Weise einen Menschen betrachte, so ist er eine bestimmte Energieform, aber gleichzeitig durch Energie mit allem verbunden. Er nimmt nur das wahr, was sich von ihm unterscheidet bzw. was für ihn selbst ein Ungleichgewicht darstellt. Die Verbindung, die Einheit mit etwas anderem, kann er nicht wahrnehmen, denn er ist mit ihr im Gleichgewicht und benötigt hier keine Wahrnehmung.

Unsere Wahrnehmung zeigt uns nicht die Verbindung, sondern den Unterschied.

Wir gehen irrtümlicherweise davon aus, dass wir „getrennt" sind, denn wir können unsere Verbindungen nicht wahrnehmen.

Haben Sie schon einmal versucht, einen Ton auf einer Flöte oder einem Keyboard nachzusingen? In dem Moment, in dem Sie die exakte Tonhöhe gefunden haben und genau den gleichen Ton singen oder summen, findet eine Art „Verschmelzung" statt. Sie können kaum zwischen Ihrem eigenen und dem gehörten Ton unterscheiden. Erst wenn Sie wieder ein wenig abweichen, entstehen „Schwebungen", Ungleichgewichte, und beide Tonquellen werden wieder unterscheidbar und damit wahrnehmbar.

Ich kann mich erinnern, dass ich beim Kennenlernen von Aufstellungen gewisse „Spannungen" (= Ungleichgewichte) fühlen konnte. Ich hatte den Eindruck, ich würde die Spannung der Aufstellung wahrnehmen. Es lag „etwas in der Luft".

Als ich begann, selbst Aufstellungen zu organisieren und zu begleiten, spürte ich ebenso spannende wie erlösende Energien.

Jetzt erlebe ich immer öfter, dass mir TeilnehmerInnen nach meinen Workshops die Rückmeldung geben, wie stark die Spannung im Raum gewesen sei. Doch ich selbst hatte sie gar nicht gefühlt.

Ich erkläre es mir so, dass ich inzwischen mit einer Spannung im Gleichgewicht bin, sie also nehmen kann, wie sie ist.

Im Gleichgewicht verschwindet die Wahrnehmung.

Ich kenne eine Frau, die mit einem sehr strengen und harten Ton kommuniziert. Sie hat die Tendenz, allem zu widersprechen und keine Zustimmungen zu geben. Vor mehreren Jahren hatte ich bei Begegnungen mit ihr starke Angst, fühlte mich klein, rechtfertigte mich, suchte nach Verständnis und bekam immer wieder eine Abfuhr.

Als sie sich in diesem Jahr mit mir treffen wollte, tauchten meine Ängste wieder auf. Ich konnte ihr nicht absagen, da ich durch eine vertragliche Bindung dazu „gezwungen" war, mit ihr Kontakt zu haben. Doch als sie dann kam, erlebte ich, dass ihre Art mich nicht mehr verletzte. Ich fühlte keine Angst mehr.

Das führe ich darauf zurück, dass ich nicht mehr den Wunsch habe, sie zu überzeugen. Ich hatte nicht das Bedürfnis, ihre Behauptungen und Ungerechtigkeiten richtig zu stellen, sondern konnte sie so stehen lassen. Die Rolle des „kleinen Jungen", der zurechtgewiesen wurde, war dadurch nicht verschwunden. Doch es war für mich in Ordnung. Ich empfand es als wichtig, um mit ihr auf einer bestimmten Ebene kommunizieren zu können, war damit im Gleichgewicht und stimmte der Situation innerlich zu.

Liebende erzählen von der Erfahrung einer Verschmelzung mit dem Partner: Sie sind auf seelischer und/oder körperlicher Ebene ein Gleichgewicht miteinander eingegangen.

Diese Verschmelzung muss nicht von beiden gleichzeitig erlebt, sondern kann auch nur von einer Person erfahren werden. Es ist möglich, dass der andere bestimmte Unterschiede und Ungleichgewichte fühlt, die man selbst in dem Moment nicht wahrnimmt, weil man sich mit ihnen im Gleichgewicht befindet.

Im absoluten Gleichgewicht existiert keine Wahrnehmung. Erst durch ein Ungleichgewicht entsteht das Wahrnehmen. Wenn wir also in der Lage sind, etwas wahrnehmen, muss ein Ungleichgewicht vorhanden sein, ein Unterschied zu uns.

Wahrnehmung zeigt grundsätzlich ein Ungleichgewicht, welches sich immer auf das Element bezieht, das wahrnimmt. Durch seine eigene Form bestimmt das Element, was ein Gleichgewicht und was ein Ungleichgewicht zu ihm darstellt. Denn nur das Element selbst kann entscheiden, zu welcher anderen Form es eine Ähnlichkeit fühlt und welche sich von ihm unterscheidet.

Bei einer empfundenen Gleichheit findet für das Element eine Verschmelzung (z. B. auch Anpassung = Gewöhnung) statt und seine Wahrnehmung beginnt zu verschwinden (blinder Fleck). Je größer aber der Unterschied ist, desto stärker ist die Empfindung eines Ungleichgewichts und umso deutlicher nimmt man es wahr, bis hin zum Schmerz.

Aus diesem Grund hat es sich für Psychotherapeuten als wirkungsvoll erwiesen, Sichtweisen zu kommunizieren und anzubieten, die Unterschiede „herstellen". Denn ein Klient kann dadurch einen Zusammenhang neu wahrnehmen und damit gezielt umgehen lernen.

Jedes Element hat immer das Bestreben, das bestmögliche Gleichgewicht herzustellen. Es strebt nach Einheit, Glück, Verschmelzung, also am Ende nach Auflösung seiner eigenen Wahrnehmung (von Ungleichgewichten).

Durch dieses Bestreben angeregt haben wir Menschen Organe und anderes in uns (Rezeptoren im Auge, Trommelfell im Ohr, ...) und um uns herum (Teleskope, Antennen, ...) ausgebildet, um zu bestimmten anderen Energieformen ein für uns möglichst perfektes Gleichgewicht herstellen zu können.

Wir bilden (Un-)Gleichgewichte (= Formen, InFormationen), um neue und immer bessere (Un-)Gleichgewichte zu erreichen.

Die Wahrnehmung eines Elements ist eine ständige Anpassung, die die Form eines Kreislaufs hat:

Ein Element spürt, dass in ihm ein neuer Wunsch nach Gleichgewicht entsteht. Das heißt, dass in ihm ein Ungleichgewicht aufgetaucht sein muss. Es versucht nicht, dieses Ungleichgewicht zu verändern, sondern in seiner Grundtendenz zu diesem Ungleichgewicht ein möglichst perfektes Gleichgewicht herzustellen. Anschließend testet es, ob dieses Gleichgewicht gut genug ist. Es stellt neue Ungleichgewichte fest, zu denen es ein neues Gleichgewicht einzugehen versucht usw.

Dabei verändert es ständig seinen eigenen Zustand, seine eigene Form und passt sich neu an. Ist der eigene Wunsch nach Gleichgewicht geringer geworden, weil ein besseres Gleichgewicht erreicht wurde, geschehen auch weniger Veränderungen.

Auf diese Weise „errechnet" sich ein Element das Außen und geht mit den eigenen Möglichkeiten ein Gleichgewicht dazu ein.

In einem Menschen läuft dieser Prozess auf folgende Weise ab:

Er fühlt ein Ungleichgewicht. Dadurch entwickelt sich sofort der Wunsch nach einem Gleichgewicht. Der Mensch passt sich diesem Ungleichgewicht an, so gut, wie es ihm möglich ist, und geht dazu auf diese Weise ein Gleichgewicht ein. Anschließend überprüft er es. Dabei stellt er neue Ungleichgewichte fest, zu denen erneut ein Gleichgewicht hergestellt wird, das er wieder überprüft.

Ein blinder Fleck gegenüber uns selbst und unseren eigenen Verhaltensweisen ist ein Gleichgewicht, das wir zurzeit nicht in Frage stellen. Wir sind mit diesem Verhalten im Gleichgewicht, können es also nicht mehr wahrnehmen.

Als Kind haben wir bestimmte Verhaltensmuster eingeübt, die damals für uns ein Gleichgewicht dargestellt haben. Im Laufe der

Zeit wurden sie zur Gewohnheit und damit unbewusst. Wir nehmen sie nicht mehr wahr, verwenden sie aber noch heute.

Manchmal passen sie jedoch nicht zur Gegenwart, und so taucht ein Ungleichgewicht für uns auf. Dadurch können uns die Muster wieder bewusst werden. Wir beginnen, sie erneut wahrzunehmen, wodurch sie sich von selbst verändern. So entsteht ein neues Verhaltensmuster, ein neues Gleichgewicht gegenüber der Gegenwart. Deswegen bieten Krisen (= Ungleichgewichte) in unserem Leben immer eine Chance zum Hinterfragen und Erweitern der eigenen Sichtweise und des eigenen Verhaltensmusters. Sie stellen für uns Spiegel dar, mit deren Hilfe wir ein neues und besseres Gleichgewicht zur Gegenwart herstellen.

Basis unseres Lebens und unserer Wahrnehmung ist also immer wieder die Entscheidung, was für uns ein Ungleichgewicht und was ein Gleichgewicht darstellt. Diese Frage kann jeder Mensch nur für sich selbst beantworten, weil sie sich auf seine eigene Form bezieht. Seinen Gefühlen und Antworten entsprechend bewegt und verändert er sich.

Fazit: Dort, wo ein Element mit allem in Verbindung steht, lebt es im Gleichgewicht. Es benötigt keine Entscheidung und deswegen auch keine Wahrnehmung. Hier hat es sein Ziel erreicht: Gleichgewicht.

Dort, wo ein Element sich vom Außen getrennt erlebt und Ungleichgewichte in sich selbst wahrnimmt, kann es nur selbst entscheiden, in welche Richtung sein neues und besseres Gleichgewicht zu finden ist.

Humberto R. Maturana hat in seinen Experimenten mit Tauben herausgefunden, dass die interne Dynamik eines Nervensystems geschlossen ist. Die Grundlage von Erklärungen der Welt ist der

Zusammenhang (die Kohärenz = das Gleichgewicht) von Erfahrungen mit anderen Erfahrungen.

Auf uns übertragen bedeutet das: Der Mensch entwickelt in sich mit seinen eigenen Mitteln und Möglichkeiten ein ihm eigenes Weltbild. Dieses Bild wird laufend verändert, überprüft und korrigiert, entsprechend den neuen Ungleichgewichts- und Gleichgewichts-Erfahrungen, die man mit sich selbst macht, und den Zusammenhängen, die man bildet.

Ich habe die Vorstellung von einer Ranke, die hin und her schwingt, dabei Erfahrungen mit ihren eigenen Bewegungen macht, erspürt, wo ein Gleichgewicht und wo ein Ungleichgewicht vorhanden ist, wo es hell oder dunkel ist, warm oder kalt, wo ein Halt existiert und wo nur Luft. Gleichzeitig wächst sie weiter, entsprechend ihren eigenen Anlagen und Erfahrungen.

Ich möchte nicht behaupten, die gleiche Sichtweise wie Maturana zu haben, denn dann hätte ich ihn nicht verstanden und würde mit dieser Behauptung mir selbst widersprechen.

Warum? Weil sich jeder sein eigenes Modell von der Welt erschafft. Ich kann also nur mit meinem eigenen Modell die Äußerungen von Maturana anschauen, sehe mich also selbst darin.

Anders erklärt: Stellen Sie sich vor, Sie haben eine grüne Brille auf und schauen durch sie die Welt an. Was sehen Sie? Lauter Grüntöne.

In Wirklichkeit sehen Sie nicht, dass die Welt grün ist, sondern Sie sehen, dass Sie durch eine grüne Brille blicken.

Nehmen Sie an, Sie befinden sich in einer hellblauen Seifenblase und schauen um sich herum die Welt und alle anderen Menschen an. Sie sehen nicht, dass die Menschen hellblau sind, sondern Sie sehen, dass Sie sich in einer hellblauen Seifenblase befinden, die für Sie alles hellblau erscheinen lässt.

Oder stellen Sie sich vor, Sie schauen mit Ihren Augen die Welt an und nehmen sie mit Ihrem Gehirn wahr. Sie sehen nicht, wie die

Welt wirklich ist, sondern wie die Welt aus Ihrem persönlichen Blickwinkel mit Ihren eigenen Interpretationen und Ihrer eigenen Gehirnaktivität aussieht.

Viele glauben, sie sehen, was sie sehen.

Doch wir sehen, was unser Gehirn herstellt und dann glaubt zu sehen.

Deshalb nehmen wir immer nur uns selbst wahr, mit unseren eigenen Überzeugungen, Befürchtungen und Interpretationen.

Das Seltsame daran ist: Man weiß nie, ob das, was man sieht, auch genauso stimmt, oder ob es nicht doch ein bisschen anders ist. Wir wissen nicht, ob etwas wirkliche Realität ist oder nicht.

Doch wir sind frei, unsere Sichtweisen und Überzeugungen so lange zu verändern, bis wir damit gerne die Welt anschauen können und uns in unserem Blick auf die Welt wohl fühlen. Wir können so lange die Farbe unserer Brillengläser wechseln, bis wir die Farbe gefunden haben, in der wir die Welt im Augenblick sehen möchten.

Aber wir können die Brille nie abnehmen. Wir können uns niemals von unserem Gehirn trennen mit seinen Deutungen, Sichtweisen und Vermutungen.

Sind wir bei der Wahl unserer Brillengläser abhängig von unserer Umwelt oder können wir frei entscheiden?

Wir wissen es nicht, da wir nie unsere Umwelt direkt wahrnehmen und unser inneres Bild nicht mit ihr vergleichen können. Wir nehmen immer nur uns selbst mit unseren Wünschen nach Gleichgewicht wahr und können nur versuchen, in uns das beste Gleichgewicht herzustellen, das gerade möglich ist.

Deswegen kann ich auch nicht behaupten, die gleiche Sichtweise wie Maturana zu haben, denn ich kenne sie gar nicht. Aber wenn ich seine ins Deutsche übersetzten Formulierungen lese und auf meine

Weise deute, fühle ich sehr viele Zusammenhänge zu dem, was ich bereits selbst dachte und für mich entwickelt habe. Diese Ähnlichkeits- und Gleichgewichtsgefühle sind so intensiv, dass ich mich dadurch bestätigt fühle.

Ich lese viele Bücher anderer Autoren und nutze sie, um meine Sichtweisen zu bestätigen. Funktioniert die Bestätigung nicht, dann hinterfrage ich meine Sichtweise, ändere sie, bis alles wieder zusammenpasst und gelange dadurch in ein neues Gleichgewicht.

Viele Menschen machen die Erfahrung, dass die „Achtungsbrille" ein guter Weg ist, mit sich selbst in ein besseres Gleichgewicht zu gelangen. Die Anerkennung von dem, was ist, und die Achtung vor den Menschen, Wesen und Dingen, die uns begegnen, erlösen uns von Ungleichgewichten.

Angenommen, wir könnten absolut alles so achten und anerkennen, wie es ist, und es als dazugehörig sehen, dann sind wir damit in einem absoluten Gleichgewicht, fühlen also keine Ungleichgewichte mehr. Wir sind im „absoluten" Einklang mit der Welt und damit auch mit uns selbst. So nehmen wir nichts mehr wahr …

Die resonierende Empfindung

Das Phänomen der resonierenden Empfindungen von StellvertreterInnen einer Aufstellung hat in unserer gängigen Weltsicht zu einem Ungleichgewicht geführt. Wir können es uns nicht erklären und sind auf der Suche nach einem neuen Gleichgewicht, nach einer Sichtweise, in der dieses Phänomen selbstverständlich integriert ist. Wir suchen und verändern dabei unseren Zustand / unsere Form so lange, bis wir ein neues Gleichgewicht erreicht haben.

Eine Möglichkeit dieses Phänomen zu integrieren ist, unser Weltbild der „Trennungen" in ein Weltbild der „Verbundenheit" zu verändern. Wir sind nicht grundsätzlich voneinander getrennt, sondern auf energetischer Ebene miteinander verbunden.

Ich kann mir vorstellen, dass es einigen Menschen schwerfällt, so ein Weltbild zu entwickeln, denn es wäre „zu schön".

Gehen wir jedoch einfach davon aus, dass diese grundlegende Verbindung existiert, dann ist es ganz „logisch", dass Menschen und Tiere die Möglichkeit haben, über die bisher bewussten Sinne hinaus einen größeren Zusammenhang wahrzunehmen, einen siebten Sinn vorzuweisen, je nachdem wie die Aufmerksamkeit gelenkt wird (siehe auch die Veröffentlichungen von Rupert Sheldrake).

Diese Verbindung stelle ich mir als einen einzigen universellen „Körper" vor. Jedes Körperteil ist ständig vorhanden und mit jedem anderen Körperteil in Verbindung.

Oft nehmen wir unseren Körper nicht mehr wahr, wenn wir uns auf etwas konzentrieren, z. B. auf das Lesen eines Buches. Erst wenn wir unsere Aufmerksamkeit auf einen bestimmten Körperteil lenken oder er von sich aus zu schmerzen beginnt, wird er uns wieder bewusst. Wir haben dabei das gewohnte Gefühl, dass wir ihn schon die ganze Zeit unbewusst gefühlt haben, er war nie abwesend.

Wenn ich hier konzentriert schreibe, spüre ich meinen Rücken an der Stuhllehne und meine Füße auf dem Boden nur, wenn ich gerade an sie denke. Es gibt viele Phasen, in denen ich sie nicht fühle, weil ich mich auf etwas anderes konzentriere.

Auch vor dem Fernseher oder im Kino konzentriere ich mich auf den Film und nehme die Sessel und die Menschen um mich herum nicht mehr wahr. Verändert sich meine Aufmerksamkeit, so wird mir die Umgebung wieder bewusst.

Wir können unsere Aufmerksamkeit von uns selbst auf andere, weit entfernte Menschen lenken. Wenn ich mich frage, wie es wohl gerade meinem Vater geht, richtet sich meine Aufmerksamkeit auf ihn und es entwickelt sich in mir ein Gefühl, eine Art Wahrnehmung. Das entspricht der Erfahrung, die ich als Stellvertreter mache, wenn ich mich jemandem zur Verfügung stelle und meine Gefühle in einer Rolle beobachte.

Was ist Aufmerksamkeit?

Es ist ein Prozess: Wir „stellen" eine Frage, entwickeln ein Ungleichgewicht in uns und es entsteht der Wunsch nach einem Gleichgewicht. Dieser Wunsch führt zu einer Bewegung in ein neues relatives Gleichgewicht, zu einer Antwort, zu einer Wahr-„Nehmung".

Wir stellen in uns ein Ungleichgewicht, eine Trennung, eine Unterscheidung her, indem wir uns beispielsweise fragen, wie sich gerade unser rechter Fuß anfühlt oder was in diesem Zimmer alles zu sehen ist oder wie es einer anderen Person geht. Und dann entsteht eine Reaktion, die uns eine Antwort gibt, uns in ein neues Gleichgewicht bewegt: Wir fühlen unseren Fuß, wir sehen die Dinge in diesem Raum, wir erahnen den Zustand eines anderen Menschen. Das Herstellen oder Wahrnehmen eines Ungleichgewichts führt in ein neues Gleichgewicht.

Wenn jemand eine Aufstellung durchführen will, dann hat er Fragen. Er trägt Unvollständigkeiten, sprich Ungleichgewichte in sich. Diese Ungleichgewichte sind wie „Löcher", wie „Räume", in die sich die StellvertreterInnen gefühlsmäßig hineinbegeben. Diese Ungleichgewichtsräume haben bestimmte Formen/Schwingungen/In-„Form"-ationen, die ein Stellvertreter mit seinen eigenen Möglichkeiten erfühlen und wahrnehmen kann. Aufgrund seiner Rückmeldungen, seines Berichts, seiner Antworten, findet eine Bewegung in ein neues Gleichgewicht statt, der Raum verändert sich und damit auch die Gefühle der aufstellenden Person und des Stellvertreters.

Jetzt kann man nach weiteren Ungleichgewichten suchen, es können konkrete Fragen gestellt und neue Antworten, sprich Gleichgewichte gefunden werden.

Der Weg ist ganz einfach:

Konkrete Fragen stellen, dann erhalten wir Antworten, oder besser: Wir wachsen in die Antwort hinein.

Ein klares Ungleichgewicht herstellen oder entdecken, und es geschieht eine Bewegung in ein nächstes Gleichgewicht.

Bleibt die Bewegung aus, haben wir vielleicht die falsche Frage gestellt. Es könnte dann bedeuten, dass das Ausbleiben des Gleichgewichts die Antwort selbst ist. Sie spiegelt uns: Die Beantwortung unserer Frage würde zum gegenwärtigen Zeitpunkt in ein größeres Ungleichgewicht führen.

Auf welche Weise wir eine Antwort erhalten, hängt davon ab, wie und in welche Richtung wir eine Frage stellen. Haben wir dabei eine Erwartung? Fragen wir eine Ärztin, einen Astrologen, eine Handleserin, eine Freundin, den Partner, eine Psychologin, Tarotkarten, schlagen wir spontan irgendein Buch auf, schalten kurz den Fernseher oder das Radio an und beobachten, was uns dadurch für eine Antwort gegeben wird? Fragen wir das Universum, die StellvertreterInnen einer Aufstellung oder stellen wir uns selbst eine Frage?

Dadurch, dass alles miteinander auf energetischer Ebene in Verbindung steht, wird sich alles, was zu einem besseren Gleichgewicht beitragen kann, bewegen und zeigen.

Dies spielt sich auf einer Ebene ab, die wir nicht überschauen können. So zeigen sich auch manchmal (Un-)Gleichgewichte, die wir scheinbar nicht gewünscht hatten, die uns aber in etwas hineinbewegen, durch das wir in ein völlig unerwartetes Gleichgewicht gelangen. Erst im Nachhinein erkennen wir den größeren Zusammenhang und fühlen Dankbarkeit gegenüber dieser uns führenden Dynamik.

So, wie Menschen an „Gott" glauben oder an das „Universum" oder an eine „große Seele", so glaube ich an eine überall vorhandene Dynamik „Wunsch nach Gleichgewicht". Auf eine Weise, die für uns Menschen nicht zu überschauen ist, führt sie alles mit tiefer Weisheit und absolutem Überblick durch die Allverbundenheit.

Im Gleichgewicht

Wenn wir eine Frage stellen, den Fernseher anschalten und hören, dass ein Schauspieler eines Films gerade einen Satz sagt, der eine passende Antwort zu unserer Frage bildet, wundern wir uns, wie so etwas möglich ist. Ich habe dieses Phänomen schon öfter erleben können. Hat der Schauspieler im Film gerade eine „resonierende Empfindung" uns gegenüber??

Wenn wir die Erfahrung machen, dass der Zeitpunkt unserer Frage exakt mit dem Zeitpunkt der Antwort im Fernsehen übereinstimmt, befinden wir uns mit dem Fernsehprogramm in einem Gleichgewicht. Der Zeitpunkt unserer Frage ist demnach bereits Teil eines Meta-Gleichgewichts, einer Synchronizität.

Mit anderen Worten: In dem Moment, in dem wir eine Frage stellen können, ist die Zeit dafür „reif". Denn nun ist unsere Umwelt bereit, uns sofort die passende Antwort zu liefern. Stellen wir also eine Frage, dann könnte unsere Aktivität ein Zeichen dafür sein, dass die Antwort dazu gegenwärtig greifbar ist.

Beschäftigen wir uns mit einem Problem und kommen auf die Idee, eine konkrete Frage zu stellen, dann ist die Lösung nahe.

Manchmal wissen wir erst in dem Moment, in dem wir eine Aufstellung durchführen können, was wir eigentlich genau aufstellen wollen, wie unsere konkrete Frage lautet.

Können wir unser Anliegen nicht exakt formulieren, so könnte das ein Zeichen dafür sein, dass im Moment nicht die Möglichkeit besteht, in diesem Rahmen mit einer Aufstellung die passende Antwort zu finden. Dann ist vielleicht zunächst der Schritt dran, eine klare Frage oder den passenden Rahmen zu finden und auch den Zeitpunkt abzuwarten, in dem diese Frage deutlich gestellt werden kann.

Oft machen Seminarleiter die Erfahrung, dass ein Anliegen, das sehr dringlich zu sein scheint, zu einer intensiven und klärenden Aufstellung führt. Und die TeilnehmerInnen erleben, dass sie ihr Anliegen besonders klar und deutlich formulieren können, wenn die Rahmenbedingungen stimmen. Hier passt der Zeitpunkt.

Ich kenne diesen Zusammenhang noch auf andere Weise: Manchmal finde ich einem Menschen gegenüber nicht die richtigen Worte und bin eher sprachlos. Das kann ein Zeichen dafür sein, dass mein Gegenüber im Moment nicht für meine Worte offen ist. Also schweige ich lieber.

Daraus könnte man eine Regel ableiten:

Stelle erst in dem Moment eine Frage, wenn du sie genau auf den Punkt bringen kannst, wenn sie ganz klar ist. Dann kannst du auch davon ausgehen, dass die passende Antwort bereitsteht.

Dabei kannst du wählen, ob du einfach nur auf einen passenden Zeitpunkt wartest oder dich gezielt um die Suche nach der klaren Frage kümmerst.

Der allgemein vorhandene Wunsch nach Gleichgewicht führt das Leben auf eine so unglaublich präzise Weise auf allen Ebenen, im Mikrokosmos wie im Makrokosmos, so dass für uns überall erstaunliche Übereinstimmungen zu entdecken sind. Wir müssen lediglich unsere Aufmerksamkeit darauf richten oder danach fragen.

Die resonierende Empfindung in Stellvertreterrollen ist nur *ein* faszinierendes Phänomen der Allverbundenheit unter vielen.

Autonomie / Demut - ein Gegensatz?

Für den Begriff „Autonomie" wird in Wörterbüchern angegeben: *nach eigenen Gesetzen lebend, Eigengesetzlichkeit, Selbstständigkeit, Unabhängigkeit, Selbstbestimung(srecht), Freiheit.*
Man führt eigene Entscheidungen aus.

Der Begriff „Demut" wird wie folgt beschrieben: *Gesinnung eines Dienenden, Liebe zum Dienen, Ergebenheit, Ergebung, Hingabe, tiefe Bescheidenheit, Opferbereitschaft, Selbsterniedrigung, Unterwürfigkeit, Nachgiebigkeit.*
Man führt fremde Entscheidungen aus.

Widerspricht sich das?
Das hängt davon ab, ob wir es selbst als Widerspruch sehen.

Wenn sich der eigene Wunsch und der fremde Wunsch widersprechen, dann widersprechen sich auch Autonomie und Demut.

Entspricht der eigene aber dem fremden Wunsch, dann führt man die fremde und die eigene Entscheidung gleichzeitig aus, man handelt sowohl dienend als auch selbstständig.

Wer kennt nicht die Phase in seiner Kindheit, in der man das Bedürfnis entwickelte, etwas unbedingt „selbstständig" tun zu wollen, beispielsweise den Hund auszuführen?

In dem Moment, in dem man motiviert den Entschluss dazu fasste, sagte die Mutter: „Könntest du bitte den Hund ausführen?", und der Spaß war verdorben, denn die Selbstständigkeit war dahin.

Je klarer man die unüberwindbaren Abhängigkeiten und Bindungen bis hin zur nicht wahrnehmbaren Allverbundenheit (an)erkennt, desto selbstständiger, selbstsicherer und „erwachsener" kann man sich fühlen.

Wenn wir von dem Weltbild der Verbundenheit ausgehen, dann sind wir nicht selbstständig, sondern von allem abhängig, „dienen" also von Natur aus. Wir spüren zwar unseren eigenen Willen, können aber nicht wahrnehmen, dass er gleichzeitig der Wille einer uns übergeordneten Dynamik ist. Diese Wahrnehmung fehlt uns, gerade weil wir damit im absoluten Gleichgewicht sind, in absoluter Verbindung.

Wir nehmen deshalb nur das wahr, was sich unterscheidet, und unser Wille unterscheidet sich immer von dem Willen anderer Menschen und Elemente. Gleichzeitig sind sowohl unser Wille wie auch der Wille anderer immer Teile der übergeordneten Gesamtdynamik „Wunsch nach Gleichgewicht". Vor etwas Höherem sind wir alle gleich. Jeder Wille ist ein Wille „Gottes", auch wenn viele Wünsche von unterschiedlichen Menschen sich untereinander zu widersprechen scheinen oder schmerzhafte Züge annehmen.

Wer so ein Weltbild hat, weiß sich in seiner Demut selbstständig und in seiner Selbstständigkeit demütig. Er lebt in einer selbstsicheren autonomen Haltung, in der er ständig bereit ist, etwas kennen, würdigen und achten zu lernen, so wie es ist.

Es gab Situationen, in denen mir diese nicht wahrnehmbare Verbundenheit besonders bewusst geworden ist: Ich saß in einem Buchladen an einem Tisch und las. Irgendwann schaute ich gedankenverloren vom Buch auf, sah in einiger Entfernung eine Frau an einem Buchregal stehen, die sich fast gleichzeitig suchend in meine Richtung umdrehte und auf den freien Stuhl an meinem Tisch blickte. Sie kam herüber, setzte sich und begann zu lesen.

Als ich über das Geschehene zu reflektieren begann, hatte ich den Gedanken, dass mein gedankenverlorenes Aufschauen und das suchende Umdrehen der Frau kein Zufall gewesen sein konnte. Es war eher, als ob ich auf einer unbewussten Ebene „ahnte", dass sie nun gleich zu diesem Tisch kommen würde. Ich konnte nicht auf ihre äußere Bewegung oder ein Geräusch reagiert haben, dafür stand sie zu weit weg und drehte sich auch erst ganz kurz nach meinem Hinschauen um. Sie stand mitten in einer Gruppe von mehreren Leuten, aber mein Blick hatte sich spontan gezielt auf sie gerichtet.

Ich kenne es schon, dass ich manchmal etwas ahne, was dann auch eintritt. Doch dieses Mal hatte ich nicht einmal etwas gespürt, kein Gefühl hatte mich gesteuert. Erst nachdem alles bereits geschehen war, tauchte der Gedanke auf, dass mein absichtsloses, spontanes Aufschauen und der direkte Blick auf sie kein Zufall gewesen sein konnte. Eine Verbindung schien mich auf eine Weise „gesteuert" zu haben, die ich nicht als Steuerung wahrnahm, also nicht spürte.

Rupert Sheldrake würde vermuten, dass ich durch Telepathie auf ihren Gedanken reagiert habe, besonders auf den Moment, in dem sie beschloss, sich einen Stuhl zu suchen. Das wäre ein sehr interessantes Phänomen von Telepathie, da es keine persönliche Verbindung zwischen uns gab. Ich kannte diese Frau nicht.

Wenn ich nach einer Erklärung dafür frage, kommt mir folgende Antwort: Wir Menschen stehen durch die Allverbundenheit ständig miteinander in Kontakt, auch mit all unseren Gedanken. Es ist, wie wenn alle Computer ans Internet angeschlossen und ständig zugänglich sind. Wir erhalten jedoch nur die Information, nach der wir fragen. Uns wird nur das bewusst, was für uns tatsächlich relevant ist und für das wir bereit sind.

Ein anderes Mal saß ich mit einer Gruppe aus einem Kinesiologie-Seminar an einem langen Tisch. Spontan lehnte ich mich zurück und sah links von mir direkt in zwei Augen. Ich war überrascht. Vier Plätze weiter hatte sich eine Frau zurückgelehnt und hinter den Rücken der anderen entlang in meine Richtung geschaut.

Sie sagte, dass noch nie jemand so schnell auf ihren Blick reagiert hätte wie ich. Dabei hatte ich gar nicht das Gefühl, auf etwas reagiert zu haben. Ich habe einfach absichtslos gehandelt und bin plötzlich irgendwo gelandet – in ihrem Blick.

Ich glaube, wir erleben das alle ständig, wir wissen es nur nicht.

Wir können nicht wahrnehmen, wo unser Wille herkommt, weil wir mit der Quelle im absoluten Gleichgewicht sind, in vollkommener Verschmelzung.

In diesem Sinne „dienen" wir in unserer Autonomie. Wir handeln, ohne dabei wahrzunehmen, dass unsere Handlung in einem größeren Zusammenhang steht.

Hier finden auch die scheinbaren Gegensätze „Konstruktivismus" (wir konstruieren unsere Realität) und „Phänomenologie" (wir beobachten Phänomene einer äußeren uns übergeordneten Realität) zusammen: Den Konstruktivismus können wir als einen Teil der Phänomenologie sehen. Wenn wir etwas konstruieren, ist unser Wille und unsere daraus folgende Handlung etwas, das genauso von einer übergeordneten Dynamik geleitet ist, wie die Gefühle von StellvertreterInnen in einer Aufstellung.

Der Konstruktivismus könnte der Teil der allumfassenden Phänomenologie sein, in dem wir uns nicht bewusst sind, dass unser konstruierender Wille gleichzeitig durch die Allverbundenheit geführt wird, oder besser: in einem großen Zusammenhang mit allem steht.

Überlege ich mir beispielsweise, wie ich eine Situation anders sehen (= konstruieren) könnte, dann sind der erste Einfall dazu, meine Überlegungen und die Art und Weise, wie ich es durchführe, phänomenologisch und stehen in einem höheren Zusammenhang.

Selbstwahrnehmung in vollkommener Verbundenheit

Hier gelange ich zu einer neuen Frage.

Am Anfang dieses Kapitels habe ich darüber geschrieben, dass wir nur uns selbst mit unserem eigenen Gehirn wahrnehmen und nicht wissen können, wie die eigentliche Wirklichkeit aussieht, wie sie beschaffen ist.

Auf den letzten Seiten erklärte ich, dass wir mit allem in Kontakt stehen und dadurch „Fernwahrnehmungen" möglich sind.

Wie lässt sich das miteinander vereinen?

Da wir mit allem in Verbindung stehen, sind in uns auch alle Schwingungsmuster des Universums vorhanden. Wir „bestehen" aus ihnen. Es sind ganz verschiedene Schwingungsmuster: langsame, schnelle, große, kleine, regelmäßige, unregelmäßige etc. Unser Körper spürt sie bewusst oder auf unbewusster Ebene durch den Wechsel von (Un-)Gleichgewichtsgefühlen.

Die Muster an sich sind völlig neutral und überall vorhanden. Doch welche Muster für uns wichtig sind, wie wir sie deuten und was wir aus ihnen machen, liegt ganz bei uns. Wie wir diese Schwingungsmuster für uns interpretieren, das hängt von unserer eigenen Form ab: von unserer Beschaffenheit, unserem Wesen, unserer Sichtweise, unserem Weltbild, unserer gegenwärtigen Verfassung, unseren Glaubenssätzen, unseren Erfahrungen, unserem Standpunkt, unseren aktuellen Zielen etc. – so wie das Klingeln unseres Handys von seiner Programmierung abhängt. Es ist darauf programmiert, eine ganz bestimmte Form der Schwingung umzuset-

157

zen. Alle anderen Schwingungen spürt es zwar auch, doch es reagiert nicht darauf.

Ob wir also auf eine Schwingung reagieren und ob wir sie für uns als Gleichgewicht oder Ungleichgewicht empfinden, liegt bei uns. Deshalb können wir alles als Spiegel nutzen. Jede Deutung und Interpretation einer Erfahrung ist ein Werk unseres eigenen Körpers, spiegelt uns unsere „Programmierung", lässt sich deshalb verändern und in ein besseres Gleichgewicht bewegen.

Erfahrung ist nicht was einem Menschen widerfährt, sondern was er daraus macht. Das einzige, was uns widerfährt, sind die wertfreien Schwingungsmuster, die unser Körper wahrnimmt. Dabei ist selbst diese Wahrnehmung schon ein relatives Ungleichgewicht, das durch die Form und den Standpunkt unseres Körpers bestimmt wird (denn im absoluten Gleichgewicht existiert ja keine Wahrnehmung).

Was ist Verantwortung?

Ein Element, das Verantwortung hat, das ver-„Antwort"-et ist, hat die Aufgabe, eine Antwort zu geben. Eine Antwort ist eine Reaktion auf etwas.

In Bezug auf unsere Gefühle kann uns kein Mensch helfen zu spüren oder zu entscheiden, was für uns ein Ungleichgewicht ist und was nicht. Das können nur wir ganz alleine wahrnehmen und erfahren. Und so können wir uns die Antwort auf die Frage nach einem Ungleichgewicht auch nur selbst geben. Hier reagieren wir auf uns selbst, sind selbst ver-„Antwort"-lich.

Niemand anderes kann uns beantworten, wie wir uns fühlen.

Viele sind der Meinung, sich in einer Aufstellung als StellvertreterIn durch die Allverbundenheit in andere Menschen einfühlen und sie über ihre Sinne wahrnehmen zu können. Doch das kann nur *mithilfe der eigenen (Un-)Gleichgewichtsgefühle* geschehen. Man ist also ver-„Antwort"-lich für das, was man wahrzunehmen glaubt. Genauso wie für die Deutungen, Interpretationen, Einordnungen und Reaktionen auf diese Wahrnehmung.

Fühlen wir uns in eine Rolle als StellvertreterIn ein, dann passen wir unseren inneren Zustand mithilfe von (Un-)Gleichgewichtsgefühlen an etwas an, mit dem wir über die Allverbundenheit in Kontakt sind.

Für diesen Anpassungsprozess, für diese Wahrnehmung und für unsere Reaktion darauf haben wir selbst die Verantwortung.

Wir können niemandem eine Antwort auf seine Frage geben, wie er sich fühlt.

Wir können nur beantworten, wie wir uns selbst fühlen.

Deshalb ist für mich in diesem Zusammenhang die Verantwortungsübergabe von einem Menschen zu einem anderen eine Illusion. Es gibt sie nicht.

(Der Einfachheit halber benutze ich statt „Verantwortungsabgabe und -übernahme" das Wort „Verantwortungsübergabe". An einer Übergabe sind beide Seiten aktiv beteiligt: Der eine gibt und der andere nimmt.)

Die Pflicht zu reagieren

Im gesellschaftlichen Zusammenleben bedeutet „Verantwortung für eine Sache": über sie eine Antwort geben, im Zusammenhang mit dieser Sache reagieren und die Folgen tragen. In diesem Sinne ist

Verantwortung eine ausgehandelte gesellschaftliche Pflicht. In dieser Pflicht sollte man bereit sein, für seine Handlungen einzustehen und die Folgen zu tragen.

Wenn Eltern Verantwortung für ihre Kinder tragen, dann haben sie die Pflicht, nach bestem Wissen und Gewissen auf sie zu reagieren und für sie zu sorgen. Sie müssen die Folgen tragen, wenn den Kindern etwas zustößt oder wenn sie etwas anstellen.

Doch sie haben nicht die Verantwortung dafür, wie sich die Kinder fühlen und was die Kinder aus der elterlichen Hilfe und Fürsorge machen. Hier ist das Kind eigenverantwortlich.

Wir können einem Baby die Nahrung in den Mund geben, aber für das Schlucken und sein Wachstum trägt es selbst Verantwortung.

Wenn ein Pfleger sich um einen alten oder behinderten Menschen kümmert und die Verantwortung für ihn hat, dann hat er die Pflicht, nach bestem Wissen und Gewissen auf ihn zu reagieren, für ihn zu sorgen und ihm Hilfe zu leisten.

Doch er hat nicht die Verantwortung dafür, wie sich dieser Mensch fühlt und was er aus der Fürsorge und Hilfe des Pflegers macht. Hier ist der Mensch selbst verantwortlich.

Wir können eine Pflanze gießen, doch für ihr Wachstum ist sie selbst verantwortlich.

Wir können einer Person auf ihre Frage antworten, aber die andere hat die Verantwortung dafür, was sie aus unserer Antwort macht und ob sie sie überhaupt als passende Antwort empfindet.

Wir können einem Menschen die Tür öffnen, aber durchgehen muss er selbst.

Wir können einer Person eine Erkenntnis mitteilen, aber zuhören, verstehen und nachvollziehen muss sie es selbst.

Wir können zu einem Menschen Nähe herstellen, aber es als wirkliche Nähe zu empfinden, liegt in seiner Verantwortung.

Wir können einem im Koma liegenden Menschen nach bestem Wissen und Gewissen helfen, aber die Verantwortung, ob der Körper die Hilfe annimmt, trägt der Körper selbst.

Wenn eine Ärztin die Verantwortung für eine Kranke hat, dann hat sie die Pflicht, nach bestem Wissen und Gewissen auf sie zu reagieren, sich um sie zu kümmern und ihr ihre Hilfe anzubieten. Doch sie hat nicht die Verantwortung dafür, wie sich diese Person fühlt und was sie aus der Hilfe der Ärztin macht. Hier ist die Person selbst verantwortlich.

Wenn ein Seminarleiter die Verantwortung für seine TeilnehmerInnen hat, dann hat er die Pflicht, nach bestem Wissen und Gewissen auf sie zu reagieren, sich um sie zu kümmern und ihnen seine Hilfe anzubieten.

Doch er hat nicht die Verantwortung dafür, was die TeilnehmerInnen aus seiner Hilfe machen und wie sie sich damit fühlen. Hier sind sie selbst verantwortlich.

Hat ein Seminarleiter überhaupt eine Verantwortung für seine TeilnehmerInnen? Das hängt davon ab, ob er sich zu etwas verpflichtet hat und ob die TeilnehmerInnen dieser Pflicht zugestimmt haben.

Hat diese Verpflichtung nicht stattgefunden, dann hat der Leiter auch keine Verantwortung für seine TeilnehmerInnen. Er hat nur die Verantwortung für sich selbst, für seine Handlungen und Entscheidungen. Er muss also nur die Folgen von dem tragen, was er selbst tut. Was seine TeilnehmerInnen fühlen, was sie entscheiden und wie sie handeln, ist allein ihre Verantwortung. Sie sind selbst verantwortlich.

Wenn jemand sagt, eine Person trage eine „Mitverantwortung", dann muss zuerst geklärt werden, in welchem Bereich sich diese Person absichtlich oder unbewusst automatisch zu etwas „verpflichtet" hat. Dort trägt sie Verantwortung.

Die verantwortliche Ursache

Suchen wir nach der Ursache eines Geschehnisses, dann sprechen wir oft auch davon, was wohl dafür „verantwortlich" ist. Meistens stellt sich heraus, dass mehrere Faktoren zusammengewirkt haben. Es gibt oft keine klare Ursache, also lässt sich auch die Verantwortung nicht klar zuweisen. Stoße ich beispielsweise den ersten Dominostein um, der mit anderen Dominosteinen hintereinander in einer Reihe steht und dadurch zu einer Kettenreaktion führt, durch die schließlich auch der letzte Stein auf den Boden kippt, wer ist dann dafür verantwortlich, dass dieser letzte Stein umgefallen ist?

Zuerst würden wir sagen, dass derjenige die Verantwortung trägt, der den ersten Stein berührt hat.

Wenn er aber gar nicht sehen konnte, dass hinter dem ersten Stein noch ein zweiter war, weil dieser Stein im Dunkeln stand?

Oder dieser Mensch wurde von einem anderen Menschen aus dem Gleichgewicht gebracht und hat dabei unabsichtlich diesen Stein umgestoßen.

Und wenn er selbst diese Dominoreihe gar nicht aufgebaut hat?

Angenommen, zwanzig Personen haben an dem Aufbau dieser Reihe mitgewirkt – jeder hat einen Stein hingestellt – dann sind alle dafür verantwortlich, dass jeder Stein beim Umfallen einen nächsten und schließlich den letzten anstoßen konnte.

In Amerika könnte es sein, dass der Hersteller der Dominosteine für den Fall des letzten Steines verantwortlich gemacht wird, weil er nicht darauf hingewiesen hatte, dass so etwas passieren könnte. Außerdem gibt es eine große Zahl an zuschauenden Menschen, die das Umfallen des letzten Steines nicht verhindert haben …

Oder ist die Erdanziehungskraft verantwortlich?

Die Zahl der Verursacher und Verantwortlichen ist also sehr hoch.

Wenn alle Wesen und Dinge durch ihre Verbundenheit miteinander an dem beteiligt sind, was geschieht, können wir behaupten, dass alles für alles (mit-)verantwortlich ist. Jeder ist ein „Mittäter" innerhalb eines komplexen Netzwerkes. Wirkt im gesamten Universum der Wunsch nach Gleichgewicht und macht durch seine Existenz ein Geschehnis möglich, können wir die Verantwortung dafür bei dieser Dynamik sehen und alle beteiligten Dinge und Wesen von jeglicher Verantwortung freisprechen. Wir sind alle „Opfer" dieser Ausgleichsdynamik.

Mein Fazit: Jeder hat selbst die Verantwortung dafür, wen oder was er als „verantwortlich" bezeichnet.

Trägt ein Mensch innerhalb der Gesellschaft eine Verantwortung für etwas Bestimmtes und muss dafür die Folgen tragen, dann ist das ein Ergebnis einer grundsätzlichen Absprache zwischen uns Menschen, ihn als „dafür verantwortlich" zu bezeichnen. Wir haben es so entschieden und festgelegt.

Behauptet also jemand, SeminarleiterInnen tragen generell eine (Mit-)Verantwortung für ihre TeilnehmerInnen, dann hat er genauso Recht wie derjenige, der behauptet, SeminarleiterInnen tragen generell keine Verantwortung für andere.

Es hängt davon ab, von welchem Standpunkt aus wir es betrachten. Und jeder sieht von dort einen Teil des Ganzen.

Egal welchen Standpunkt wir wählen: Für die Wahl unseres Standpunktes, für die Deutung unserer Erfahrungen, für das, was wir wahrnehmen und worauf wir auf welche Weise reagieren, sind wir immer selbst verantwortlich.

In diesem Zusammenhang ist Verantwortungsübergabe eine Illusion.

„Brillenwechsel"

Da wir unser Weltbild beeinflussen und selbst verändern können und weil man durch die Sichtweise der „Eigenverantwortung" viel Kraft erfahren kann, hebe ich an dieser Stelle ausführlich den Unterschied der beiden Sichtweisen „Verantwortungsübergabe" und „Eigenverantwortung" hervor. Ich benutze fiktive Bilder, in denen Personen nur ihre Brille wechseln, um von der einen Sichtweise zur anderen zu gelangen, und bin mir bewusst, dass diese Beispiele von meinem Standpunkt aus subjektiv geprägt sind. Gleichzeitig liegt es in der Verantwortung der LeserInnen, was sie aus diesen Beschreibungen für sich machen.

Eine Frau hat zunächst die Brille der Verantwortungsübergabe auf. Sie begibt sich in ein Seminar. Der Leiter erzählt aus seinem Wissen und wirkt dabei vertrauenswürdig. Sie gewinnt den Eindruck, dass er sehr sicher ist und vieles weiß. Sie glaubt und vertraut ihm. Irgendwann gelangt sie an einen Punkt, wo es ihr nicht so gut geht, sie nimmt ein Ungleichgewicht wahr. Sie erzählt es dem Leiter und er gibt eine sicher klingende Antwort, die sie ihm glaubt. Doch es geht ihr dadurch nicht viel besser. Sie wartet ab und denkt, dass wohl mit ihr selbst irgendetwas nicht richtig ist. Der Leiter hat bestimmt Recht, doch das Ungleichgewicht ist immer noch da. Sie schweigt. Das Ungleichgewicht wird schlimmer.

An dieser Stelle wechselt die Frau ihre Brille und setzt die Brille der Eigenverantwortung auf. Nun erkennt sie, dass der Leiter ihr bei diesem Ungleichgewicht nicht wirklich helfen kann, denn er kennt es nicht und weiß darüber zu wenig Bescheid. Ihr wird bewusst, dass er sich aufgrund ihrer Schilderung sein eigenes Bild gemacht und daraus so gut wie möglich auf ihr Problem reagiert hat. Da sie sich nicht weiter gemeldet hatte, ging er davon aus, dass seine Hilfe erfolgreich war, und fühlte sich wahrscheinlich bestätigt. Sie erkennt, dass sie sich selbst mit ihrem Ungleichgewicht auseinandersetzen muss, da sie dafür selbst die Verantwortung trägt. Erneut bittet Sie den Leiter um Hilfe, weist zurück, was nicht hilft, und nimmt an, was hilft. Sie spürt, dass er ihr nicht vollständig helfen kann, und geht zu einer anderen Person, bei der sie weiter nach Hilfe sucht. Schritt für Schritt gelangt sie durch ihre eigenen Erfahrungen mit verschiedenen Menschen aus dem Ungleichgewicht in ein neues und besseres Gleichgewicht.

Ein Mann geht – mit der Brille der Verantwortungsübergabe – zu seiner Psychotherapeutin, bei der er schon länger in Behandlung ist. Er überlegt, ob er nicht vielleicht wechseln sollte, doch die Therapeutin stellt ihm die Frage, ob das nicht eine Flucht sei und ob er das nicht schon immer gemacht habe. Vielleicht solle er sich diesem Verhaltensmuster eher stellen anstatt ihm zu folgen. Der Mann glaubt ihr und bleibt. Es vergehen weitere Sitzungen, in denen sich für den Mann nicht viel ändert. Erneut spricht er seine Therapeutin darauf an, die inzwischen etwas härter reagiert und den Mann zurechtweist. Der Mann hat das Gefühl, wahrscheinlich etwas nicht verstanden zu haben, er fühlt sich dumm und klein und denkt, dass er vielleicht erst noch etwas begreifen muss.

Nun setzt er die Brille der Eigenverantwortung auf und erkennt, dass er seine Entscheidungen endgültig allein fällen muss und dass dies niemand für ihn tun kann. Er sieht, dass die Therapeutin ihn provoziert hat. In dem Moment, in dem er sich klar für einen Wechsel entscheidet, reagiert die Therapeutin plötzlich sehr freundlich und wünscht ihm viel Glück.

Es hätte auch sein können, dass die Therapeutin sich verärgert fühlt. Doch das wäre dann ihr eigenes Problem gewesen. In diesem Fall hätte der Mann erkannt, dass er bisher durch sein Bleiben der Therapeutin geholfen hat, nicht mit Versagens- oder Verlustängsten konfrontiert zu werden.

Eine Aufstellungsleiterin organisiert – mit der Brille der Verantwortungsübergabe – einen Aufstellungsworkshop. Zu Beginn ist sie nervös, denn sie weiß nicht, was auf sie zukommt. Sie kann die Aufstellungen nicht vorausberechnen und fragt sich, ob sie überhaupt entsprechend handeln und helfen kann. Da ist fast so etwas wie „Lampenfieber".

Die erste Aufstellung läuft, sie greift beim ersten Gedanken, der ihr kommt, sofort ein, ist aktiv, probiert aus, will dabei die Gruppe nicht alleine lassen. Ein Einwand eines Stellvertreters bringt sie ein wenig aus dem Konzept, doch sie geht nicht weiter darauf ein. Ein Hinweis einer Beobachterin aus der Gruppe verwirrt die Leiterin und sie bittet die Gruppe, sich ein wenig zurückzuhalten, damit hier nicht alles durcheinander läuft. Sie spürt den Drang, ein wenig Struktur in die Aufstellung zu bekommen bzw. sie zu erhalten. Sie erklärt der aufstellenden Person etwas, spürt, dass sie aber anderer Meinung ist, und wird hart, weil sie ihr nicht glaubt.

Die Spannung wird größer, sie findet keine Lösung. Einem Stellvertreter geht es schlechter. Sie kümmert sich darum und sagt ihm, wie er sich verhalten soll, damit es nicht noch schlimmer wird. Die aufstellende Person äußert den Wunsch, einige StellvertreterInnen versuchsweise auf eine bestimmte Weise umzustellen. Die Leiterin bekommt das Gefühl, dass hier eine Lösung herbeikonstruiert werden will, und blockt ab.

Als sie jetzt die Brille der Eigenverantwortung aufsetzt, ändert sich schlagartig alles. Sie erkennt die Eigendynamik der gesamten Aufstellung und spürt, dass sie zwar mitwirken kann, letztendlich aber für den Verlauf der Aufstellung nicht verantwortlich ist. Die Aufstellung ist für sich selbst verantwortlich. Sie atmet tief durch, zieht sich zurück, setzt sich hin und entspannt. Sie spürt, dass sie mit der Thematik nichts zu tun hat, und beobachtet, was als nächstes geschieht. Sie erkennt, dass die aufstellende Person für ihre Aufstellung selbst verantwortlich ist, und wird zum Zuschauer. Ab und zu hat sie eine Idee, die sie den StellvertreterInnen, der aufstellenden

Person und der Gruppe mitteilt. Dabei überlässt sie es den anderen, ob sie ihre Hilfe annehmen oder nicht. Manchmal weiß sie, was eine Lösung sein könnte, doch gleichzeitig merkt sie, dass dies von den anderen nicht immer gesehen oder angenommen wird, lässt wieder los, zieht sich zurück und wartet die weitere Entwicklung ab. Sie ist jederzeit bereit, wenn sie gebraucht wird, wieder aktiv zu werden, und steht als Beraterin zur Verfügung. Sie weiß, dass die Lösung einer Aufstellung durch die Offenheit der aufstellenden Person beeinflusst wird. Sie hat erkannt, dass den TeilnehmerInnen auf diese Weise ihre bereits vorhandene Autonomie schneller bewusst werden kann. Einem Stellvertreter, dem es schlechter geht, bietet sie ihre Hilfe an.

Beim nächsten Workshop ist sie gelassener, denn sie spürt nun keine Verpflichtung mehr, keine Aufgabe, keine Verantwortung für ihre TeilnehmerInnen, keinen Leistungsdruck. Sie ist einfach nur da und ist gespannt, was dieses Mal alles passieren wird.

Eine junge Frau ist begeistert vom Aufstellen und möchte selbst Aufstellungsgruppen organisieren und begleiten. Sie trägt die Brille der Verantwortungsübergabe, nimmt an Ausbildungen teil, liest viele Bücher, studiert Aufstellungsvideos, besucht regelmäßig Lerngruppen – all dies über mehrere Jahre hinweg. Doch der Punkt, an dem sie endlich ein eigenes Seminar anbietet, kommt nicht. Sie denkt: Sie weiß noch nicht genug, sie kann es noch nicht, sie muss noch mehr lernen. Andere Aufstellungsleiter scheinen viel sicherer und wissender Aufstellungen zu begleiten. Diese Sicherheit besitzt sie selbst noch nicht.

Als sie die Brille der Eigenverantwortung aufsetzt, erkennt sie die Unterschiede der AufstellungsleiterInnen, die sie bisher kennengelernt hat. Sie sieht, dass jeder ein bisschen anders mit Aufstellungen umgeht. Sie erkennt, dass sie immer noch auf andere schaut und es genauso wie sie können möchte. Und ihr wird bewusst, dass ihr

Blick auf andere sie davon abhält, auf ihre eigenen Erfahrungen und ihr eigenes Potenzial zu schauen. Jetzt beginnt sie, auf sich selbst zu schauen und entdeckt eine Kreativität, die sie aus ihrer Kindheit kennt. Es entwickeln sich Ideen, Gedanken und Bilder, die sie bei anderen bisher noch gar nicht entdeckt hatte. Ihr wird klar, dass sie während ihrer langen Ausbildung bei anderen stets danach gesucht hatte, ihre eigenen Ideen und Gefühle bestätigt zu bekommen, um diese endlich entfalten und selbst anwenden zu können.

Doch jeder geht anders mit Aufstellungen um, jeder auf seine Weise. Und genauso macht sie es jetzt auch. Sie entdeckt, dass sie selbst und ihr eigenes Gefühl der Maßstab sind. Ihr Spaß an Aufstellungen „katapultiert" sie in ihr erstes eigenes Seminar, in welchem sie auch offen ihre Unsicherheit und ihren „Anfängerstatus" mitteilt. Gleichzeitig ist sie dankbar, auf ihre „Ausbildung" zurückgreifen zu können, auf die vielen Ideen der anderen Menschen. Die Ausbildung war nicht umsonst, doch sie war nicht dazu da, ihr das Anbieten von Aufstellungen zu erlauben. Diese Erlaubnis musste sie sich letztendlich selbst geben.

Nach den ersten organisierten Seminaren wird ihr klar: Die Unsicherheit, die sie weghaben wollte, gehört dazu. Sie ist ein Teil von jedem, der Aufstellungen begleitet, denn niemand weiß vorher, was passiert und was zu tun ist. Diese scheinbare „Sicherheit", die sie bei anderen AufstellungsleiterInnen erlebt, ist nichts anderes als ein „Vertrauen" in diese Unsicherheit, in das Nicht-Wissen, in die Verwirrung.

Ihre Erkenntnis der Eigenverantwortung hat nun eine Verbindung zu ihrem eigenen Vertrauen hergestellt und motiviert sie gleichzeitig, auch als gastgebende Organisatorin jedem seine Eigenverantwortung zu lassen.

Ich arbeite an meinem Buch – mit der Brille der Verantwortungsabgabe – und gebe anderen Menschen den ersten Entwurf zum Lesen.

Ihre Reaktionen sind voll von Lob, Kritik und Verbesserungsvor-schlägen. Dabei gerate ich in Konflikte, weil einige Vorschläge so überzeugt und deutlich vorgebracht werden, dass ich dabei heraushö-re, es sei auf jeden Fall besser, es zu verändern. Ich werde unsicher. Wie passt es denn nun? Wie würde es den anderen gefallen? Was soll die Lösung sein? Wie muss ich es schreiben?

Als ich die Brille der Eigenverantwortung aufsetze, geht es mir besser. Ich sehe, dass ich nach wie vor die Wahl habe, welchen Vorschlag ich aufgreife und welchen nicht. Dabei schaue ich genau auf mein eigenes Gefühl. Wenn ein Vorschlag mich in gewisser Weise berührt, befreit oder auch trifft, dann steckt etwas dahinter. Ich nehme es als „Spiegel" und stelle meine Sichtweise und Formu-lierung neu in Frage oder greife den Vorschlag auf. Werde ich davon nicht berührt, egal wie überzeugt der andere von seiner Meinung ist, dann lasse ich es so, wie es ist. Denn ich selbst habe die Verantwor-tung für die Form meines Buches und muss, darf und will mit den Folgen leben.

Eine Frau geht – mit der Brille der Verantwortungsübergabe – zu einem Heilpraktiker, der ihr viele gute Ratschläge gibt und Behand-lungen durchführt. Sie glaubt und vertraut ihm und wird wieder gesund.

Bei der nächsten Erkrankung geht sie wieder zu ihm. Und – o Wunder – wieder wird sie geheilt. Sie ist völlig begeistert von den Heilungsfähigkeiten des Heilpraktikers und bleibt bei ihm als „Stammkundin".

Als sie die Brille der Eigenverantwortung aufsetzt, erkennt sie, dass sie selbst einen Menschen gefunden hat, mit dessen Hilfe sie hervorragend für sich selbst sorgen kann, so dass es ihr immer wie-der besser geht. Sie ist begeistert von ihrer *eigenen* Initiative und von dieser Zusammenarbeit.

Ein Mann lebt – mit der Brille der Verantwortungsübergabe – in einer Partnerschaft mit einer Frau. Ihre Forderungen belasten ihn, er fühlt sich in gewisser Weise abhängig von ihr, wünscht sich aber mehr Selbstständigkeit. Er will, dass sie ihm mehr Freiheit gibt, ihn mehr loslässt. Deshalb bleibt er oft länger in seinem Büro und sucht sich schließlich eine Geliebte, mit der er sein Freiheitsgefühl ausleben kann.

Als er die Brille der Eigenverantwortung aufsetzt, erkennt er, dass er sich selbst für die Partnerschaft mit seiner Frau entschieden hat. Er ist nicht das Opfer ihrer Forderungen, sondern sie ist ein Spiegel seiner eigenen Entscheidungen. Er lernt daraus, verändert sich und entscheidet neu.

Ein Teilnehmer eines Aufstellungsworkshops stellt sein eigenes Problem auf und trägt dabei die Brille der Verantwortungsübergabe. Er beobachtet die Aufstellung und wartet ab, was geschieht. Die Aufstellung stockt, die StellvertreterInnen wissen nicht mehr weiter, die Gruppe findet keine Idee, der gastgebende Organisator hat sich vollkommen zurückgezogen. Man redet von einem Abbruch der Aufstellung. Der Teilnehmer denkt, dass dieses Problem wohl nicht zu lösen sei.

Als er die Brille der Eigenverantwortung aufsetzt, weiß er, dass nicht die Aufstellung sein Problem löst, sondern er selbst. Er muss für den nächsten Schritt innerlich bereit sein, dann bewegt sich auch etwas in der Aufstellung. Sie würde zeigen, in welche Richtung es weitergeht. Er erkennt seine Abwehr gegen den nächsten Schritt: Es wäre ihm unangenehm, dem Ziel in dieser Form näher zu kommen. Ihm wird sein eigener Widerstand bewusst und die Aufstellung hat es nur gespiegelt. Er denkt darüber nach, was passieren könnte, wenn er den nächsten Schritt zulassen und sich nicht mehr dagegen wehren würde. Dabei wird er weicher, ihm kommen Tränen und die Aufstellung bewegt sich weiter, denn seinem Stellvertreter ist plötzlich etwas Neues eingefallen.

Eine Frau – mit der Brille der Verantwortungsübergabe – ist wütend auf ihre Eltern. Sie ist von ihnen als Kind oft geschlagen worden und lebt heute mit Hemmungen, zieht aggressive Partner an und hat das Gefühl, dass ihre Eltern ihr Leben „versaut" haben. Sie sieht in ihnen die Verantwortlichen für ihren gegenwärtigen Zustand.

Als die Frau die Brille der Eigenverantwortung aufsetzt, erkennt sie, dass sich ihre Eltern damals so verhalten hatten, wie es ihren Fähigkeiten entsprach. Sie sieht, dass sie für ihre gegenwärtige Sichtweise gegenüber ihren Eltern selbst die Verantwortung hat. Niemand außer ihr kann ihre Sicht der Dinge ändern. Ihr wird wieder bewusst, dass ihre Eltern sie in Liebe gezeugt haben und ihre Mutter sie neun Monate lang in ihrem Bauch getragen und dann geboren hat. Sie ist dankbar für das weitergegebene Leben und fühlt den Schmerz, als sie innerlich zu ihren Eltern sagt:

„Ich habe euch sehr vermisst, und das hat so weh getan."

Einem Angestellten einer Firma geht es seelisch nicht sehr gut, er möchte sich am liebsten eine Auszeit gönnen, um sich ein wenig zu erholen. Er hat bereits die Brille der Eigenverantwortung auf, geht zu seinem Chef, teilt ihm sein Anliegen mit, doch der Chef erwidert, dass dies jedem so gehen könne. Er solle sich ein wenig zusammen-reißen: „Da muss man durch."

Der Angestellte geht zu einem befreundeten Arzt und lässt sich krankschreiben. Er tut so, als ob er die Brille der Verantwortungs-übergabe auf hat, und teilt seinem Chef mit, dass der Arzt ihm aus gesundheitlichen Gründen verboten habe zu arbeiten.

Die Brille der Verantwortungsübergabe hat auch ihren Sinn.

In Gerichtsverhandlungen kann das Abgeben von Selbstverantwortung strafmildernd sein: Einem Menschen wird Unzurechnungsfähigkeit bescheinigt. Oder Kinder rechtfertigen sich vor ihren wütenden Eltern: „Das wollte ich doch gar nicht! Ich hab´s nicht gewusst!"

Ein Teilnehmer eines Aufstellungsseminars – mit der Brille der Verantwortungsübergabe – sucht Hilfe, um zu seiner Autonomie zu finden. Die Seminarleiterin sieht eine Lösung in der Versöhnung mit den Eltern. Sie führt ihn dahin, sich vor seinen Eltern zu verneigen und ihnen die Ehre zu geben. Er fühlt sich besser und geht aus dem Seminar, hat aber immer noch nicht das freie Gefühl von Autonomie. Als er die Brille der Eigenverantwortung aufsetzt, wird ihm klar, dass er sich ja gar nicht eigenverantwortlich für die Verneigung vor den Eltern entschieden hat. Ihm wurde es nur vorgeschlagen und er ist dem Vorschlag gefolgt, so wie er früher auch immer seinen Eltern gefolgt ist, weil er keine Wahl hatte. Auf dem Weg zu seiner Autonomie hatte er sich zum wiederholten Male untergeordnet, anstatt autonom zu entscheiden. Nach dieser Erkenntnis entscheidet er sich, den Schritt zur Versöhnung mit seinen Eltern selbstständig zu gehen. Er spürt inzwischen, dass es ein wichtiger Schritt für ihn ist, besucht seine Eltern und lernt, sie so zu achten, wie sie sind.

Er nutzt auch eine weitere Aufstellung, bei der er innerlich zur Versöhnung bereit ist und in Zusammenarbeit mit der helfenden Leiterin die lösende Bewegung vollzieht. Bei einer freien Aufstellung, in der kein direkter Leiter vorhanden ist, vollzieht er den Schritt vollkommen selbstständig.

Er betrachtet noch einmal seine Brille und entdeckt, dass sie noch zu einem Teil aus der Sicht der „Verantwortungsübergabe" besteht. Als er die reine Eigenverantwortungsbrille aufsetzt, wird ihm schließlich bewusst, dass jedes Wesen innerhalb der universellen Verbundenheit immer autonom handelt, im Einklang mit der Natur. Er erkennt, dass allein die Fähigkeit zur Wahrnehmung schon Unterscheidung, Trennung und damit Autonomie bedeutet. In seinem ständigen Befolgen von Vorschlägen entdeckt er seine Selbstständigkeit, sieht, dass er damals selbst gewählt hat, dem Vorschlag der ersten Seminarleiterin zu folgen, so wie er selbst gewählt hatte, seinen Eltern zu folgen.

Er kann seine natürliche Autonomie plötzlich nachvollziehen, versteht – und ist frei.

So, wie er es schon immer war.

Die schmerzhaften Teile
der vollkommenen Einheit

In meinem Buch *Die Vollkommenheit des Universums* schreibe ich:

> Wir fühlen ein Ungleichgewicht
> und wollen ein Gleichgewicht erreichen.

Der Friede liegt in der Sichtweise, dass bereits alles im absoluten Gleichgewicht ist, selbst dieses Ungleichgewichtsgefühl und der Wille nach Gleichgewicht. Ein Ungleichgewicht ist ein schmerzhafter Teil des ewigen und absoluten Gleichgewichtes.

> Wir fühlen Hass und wollen Liebe.

Der Friede liegt in der Sichtweise, dass der Hass ein schmerzhafter Teil der allumfassenden Liebe ist.

> Wir sehen das Böse und wollen das Gute.

Der Friede liegt in der Sichtweise, dass das Böse ein schmerzhafter Teil des allumfassenden Guten ist.

Wir fühlen eine Distanz und wollen Nähe erreichen.

Der Friede liegt in der Sichtweise, dass wir bereits mit allem in Verbindung stehen, also Nähe „pur" leben, und die Distanz ein schmerzhafter Teil der totalen Nähe ist.

Wir fühlen Ablehnung und wollen Akzeptanz.

Der Friede liegt in der Sichtweise, dass alles bereits allumfassende Liebe ist und die Ablehnung einen schmerzhaften Teil der allumfassenden Liebe darstellt.

Wir fühlen einen Kampf und wollen unseren Frieden.

Der Friede liegt in der Sichtweise, dass der Kampf ein schmerzhafter Teil des ewigen Friedens ist.

Wir sehen den Tod und wollen das Leben.

Der Friede liegt in der Sichtweise, dass der Sterbeprozess, der Verfall, das Verwelken ein schmerzhafter Teil des ewigen Lebens ist.

Wir fühlen Schmerzen und wollen Freude.

Der Friede liegt in der Sichtweise, dass die Schmerzen ein schmerzhafter Teil der ewigen Freude sind.

Wir fühlen Einengung und wollen Freiheit.

Der Friede liegt in der Sichtweise, dass die Einengung ein schmerzhafter Teil der vollkommenen Freiheit ist.

Wir haben Angst und wollen Sicherheit.

Der Friede liegt in der Sichtweise, dass die Angst ein schmerzhafter Teil der absoluten Sicherheit ist.

Wir fühlen Verschlossenheit und wollen Offenheit.

Der Friede liegt in der Sichtweise, dass die Verschlossenheit ein schmerzhafter Teil der totalen Offenheit ist.

Wir fühlen Unzufriedenheit und wollen Zufriedenheit.

Der Friede liegt in der Sichtweise, dass die Unzufriedenheit ein schmerzhafter Teil der vollkommenen Zufriedenheit ist.

Wir nehmen Krankheiten wahr und wollen Gesundheit.

Der Friede liegt in der Sichtweise, dass die Krankheit ein schmerzhafter Teil der vollkommenen Gesundheit ist.

Wir fühlen Abhängigkeit und wollen Selbstständigkeit.

Der Friede liegt in der Sichtweise, dass die Abhängigkeit ein schmerzhafter Teil der absoluten Verbundenheit ist.

Wir sehen oder fühlen das Chaos und wünschen die Ordnung.

Der Friede liegt in der Sichtweise, dass das Chaos ein schmerzhafter Teil des vollkommenen Universums ist.

Wir leben bereits in einer Welt des absoluten Gleichgewichts,
denn alles gehört dazu.

V

Ergänzungen

Allein Aufstellen

Ich habe das Aufstellen als Erstes und gleichzeitig am intensivsten 1996 durch eigene Aufstellungen mithilfe von Zetteln kennengelernt (nachdem ich das Buch „Ordnungen der Liebe" von Bert Hellinger gelesen hatte).

Diese Form der Selbsthilfe erlebe ich als eine wirkungsvolle Möglichkeit, unbefriedigende Situationen aus dem persönlichen oder beruflichen Bereich zu betrachten, zu lockern oder zu lösen.

Damals lernte ich gerade eine Frau kennen. Schon beim ersten Telefonat spürte ich gewisse Spannungen. Und so führte ich nach diesem Gespräch eine Aufstellung mit Zetteln durch. In einem Brief schilderte ich ihr meine Wahrnehmung der gegenwärtigen Situation. Sie war höchst erstaunt, wie passend meine Beschreibung war, ohne dass ich ihre persönlichen Zusammenhänge kannte.

Eine gute Freundin und ich beschlossen, eine Familienaufstellung mit Zetteln durchzuführen, obwohl sie kein konkretes Problem hatte. Wir experimentierten einfach mit diesen Zetteln, um ein besseres Gleichgewicht in ihrer Familie zu finden. Ich folgte meinen Gefühlen und integrierte dabei mein bisheriges Wissen über die von Bert Hellinger beschriebenen Ordnungen.

Zwei Wochen später berichtete sie mir von einer positiven Veränderung in ihrer Familie.

Wie funktioniert es?

Sie können alle möglichen Themen aufstellen: Familie, Körperprobleme, die Hierarchie bei der Arbeit, Wohnungseinrichtung, Lebensplanung, … Überlegen Sie sich, wie viele und welche Elemente Sie für die Beleuchtung Ihrer Problematik benötigen. Ein Element kann alles sein, beispielsweise ein Familienmitglied, ein Arbeitskollege, eine Gruppe von Menschen zusammengefasst zu einem Element, abstrakte Elemente wie „Selbstsicherheit", „Angst", „Aggression", „Freude" oder Körperteile, Haus, Wohnung, Geld, Kunden, Tiere etc.

Nehmen Sie für jedes Element einen Zettel, auf den Sie den Namen / die Bezeichnung und die Blickrichtung (mittels Pfeil) notieren. Ich persönlich nehme rechteckige Blätter für männliche und rund ausgeschnittene für weibliche Elemente (diese Formen werden z. B. in Büchern angewandt, um Aufstellungsverläufe zu veranschaulichen).

Sie können auch Steine verwenden oder Plüschtiere, Schuhe, Spielzeug, Stifte, Gläser, Fotos, Flaschen, Pflanzen, Bücher, …

Verteilen Sie die Elemente eines nach dem anderen auf den Boden des Raumes. Seien Sie spontan oder gehen Sie nach Gefühl, egal wie Sie es machen, es hat seinen Sinn. Es gibt nichts Falsches: Alles ist ein Spiegel. Glauben Sie an Ihre Intuition und sagen Sie sich, dass einfach jeder unabsichtliche und auch absichtliche Gedanke zuerst einmal dazugehört.

Stellen Sie sich nacheinander auf jedes Blatt. Achten Sie auf die Unterschiede, die Sie auf den unterschiedlichen Blättern wahrnehmen. Dabei spüren Sie entweder nach, wie Sie sich fühlen, oder Sie malen sich aus, wie man sich hier fühlen könnte, wenn man etwas spüren würde. Fällt Ihnen nichts ein, dann gehört vielleicht auch das dazu.

Nehmen Sie wahr und schreiben oder zeichnen Sie es sich vielleicht auf. Wenn Sie nichts wahrnehmen, dann nutzen Sie Ihre Gedanken. Die Ideen, die Ihnen kommen, sind genauso eine Form der Wahrnehmung, selbst wenn Sie das Gefühl haben, Sie erfinden gerade etwas.

Überlegen Sie sich eigene Deutungen dieser Situation oder warten Sie auf spontane Einfälle, denen Sie folgen.

Stellen Sie sich die Frage, wie es für die einzelnen Elemente vielleicht besser wäre, wie Sie es sich wünschen, wie vielleicht eine Lösung aussehen könnte, und verschieben Sie dann die Zettel. Nun nehmen Sie wieder nacheinander die verschiedenen Plätze ein und prüfen, ob es für Sie so stimmiger erscheint.

Spielen Sie mit der Situation. Erlauben Sie sich ihre ausgefallene Kreativität. Lassen Sie all ihre Fantasien zu und beobachten Sie die Wirkung der neuen Situation.

Fällt Ihnen nichts ein, dann experimentieren Sie. Bewegen Sie sich, verändern Sie die Aufstellung, lassen Sie die Elemente miteinander sprechen und beobachten Sie weiter. Vielleicht ergibt sich eine Veränderung in Ihrem Gefühl oder Sie entdecken, dass Sie inzwischen anders über diese Situation reden, sie anders beschreiben würden als vorher.

Lassen Sie allem freien Lauf und beobachten Sie, was es Ihnen sagt oder welchen neuen Zusammenhang Sie entdecken. Vielleicht haben Sie ja den Impuls, spontan ein Buch aufzuschlagen und darin zu lesen? … und entdecken „zufällig" eine Stelle, die Ihnen bei dieser Aufstellung weiterhelfen kann?

Oder Sie ziehen eine Karte aus den „Impulskarten für Freie Systemische Aufstellungen" (siehe am Ende des Buches).

Ändert sich tatsächlich absolut nichts und taucht nichts auf, das Ihnen hilft, dann überlegen Sie, was für Sie ganz allein in diesem Zusammenhang die bestmögliche Lösung wäre. Was wünschen Sie sich? Wie wäre es, wenn es gelöst wäre?

Ich gebe Ihnen im Folgenden einige Tipps, worauf Sie achten können. Diese Vorschläge basieren auf lösenden Ordnungen, die Bert Hellinger, Insa Sparrer und Matthias Varga von Kibéd formuliert haben. Probieren Sie aus, ob es Ihre Aufstellung in ein besseres Gleichgewicht bewegt.

Bei Rangfolgen wird im Uhrzeigersinn gedacht. Das führende Element steht rechts außen. Die rangniedrigen Elemente sind vom führenden Element aus gesehen links vom führenden Element angeordnet. Beispiel: Eltern haben im gelösten Zustand ihre Kinder links neben sich stehen, in der Reihenfolge des Alters der Kinder. Bei LinkshänderInnen könnte es umgekehrt sein. Bitte probieren Sie es aus, wie es sich besser anfühlt.

Jedes Systemelement hat ein Recht auf Zugehörigkeit.

Es gibt zeitliche Rangfolgen im Blick auf diese Zugehörigkeit: ältere Geschwister haben Vorrang vor jüngeren, langjährige Angestellte vor neu Eingestellten etc.

Rangfolgen in Bezug auf die Aufgabe innerhalb eines Systems geben Struktur: Ein Intendant hat am Theater Vorrang vor dem Dirigenten, der Dirigent hat Vorrang vor dem Vorstand des Orchesters und der wiederum vor den übrigen Orchestermitgliedern.

Des Weiteren sollte man Personen Vorrang geben, die mehr geleistet haben, einen höheren Einsatz gebracht haben oder in Bezug auf eine Tätigkeit fähiger sind.

Weitere Fragen, die dabei helfen können, eine Aufstellung positiv zu beeinflussen:

Ist der Blickkontakt zwischen allen Elementen gut? Als Hilfe könnte man in einer Reihe stehende Elemente in eine leichte Halbkreisform bringen.

In welchem Winkel stehen die Elemente zueinander?

Elemente können auch hintereinander stehen, um zu unterstützen („Ich stehe hinter dir.").

Sind die Elemente vollständig oder fehlt noch ein Element? Schauen vielleicht einige Elemente gemeinsam in eine Richtung, auf einen Punkt, an dem noch etwas fehlt? Wenn Sie nicht wissen, was fehlt, können Sie diesem neuen Element den Namen „Das, was fehlt" geben und dazustellen.

Gegenüber diesem Element können Sie Sätze aussprechen wie z. B.: „Jetzt sehe ich dich", „Du gehörst dazu" und „Ich achte dich, wie du bist."

Sind Sie sich unsicher darüber, was Sie an einer Stelle fühlen, gehen Sie einfach weiter. Vielleicht kommt Ihnen einige Tage später eine Idee dazu.

Nutzen Sie die Aufzählung folgender Fragen als „Checkliste" für eine Aufstellung. Sie können diese Liste beliebig erweitern:

Was ist gegeben? Was ist als gegeben anzunehmen?

Wer gehört dazu?

Wer/was ist ausgeschlossen?

Was muss integriert und gewürdigt werden?

Wie ist die zeitliche Rangfolge der Zugehörigkeit?

Wie ist die Rangfolge nach der Funktion?

Wer hat mehr Einsatz gebracht?

Wer ist qualifizierter als ein anderer?

Was ist früher passiert?

Was war ungerecht?

Wie fühlt es sich besser an?

In dem Buch „*Ganz im Gegenteil*" von Sparrer und Varga von Kibéd sind diese und weitere Zusammenhänge ausführlich und strukturiert dargestellt.

Eine ausführlichere Beschreibung der Freien Systemaufstellung mit vielen neuen Aspekten finden Sie in meinem Buch „*Freie Systemaufstellung: Das fühlt sich richtig gut an!*".

Ist Ihnen eigentlich schon einmal aufgefallen, dass Sie im Alltag ständig Aufstellungen entdecken können?

Wenn Sie in der Straßenbahn neben jemandem sitzen? Wenn Sie gemeinsam im Fahrstuhl stehen? Die Sitzordnungen in Talkshows oder am Mittagstisch?

Beobachten Sie einmal, was Sie in diesen Zusammenhängen fühlen, was für Impulse und Ideen Sie haben und was sich ändert, wenn Sie sich umstellen, umdrehen oder umsetzen ...

Fühlen Sie im Kontakt mit dem (der/den) anderen ein Ungleichgewicht oder ein Gleichgewicht? Fühlen Sie sich groß oder klein? Stark oder schwach?

Überlegen Sie sich eine Deutung oder einen Zusammenhang, der dahinter stehen könnte.

Hinterfragen Sie diese Deutung immer wieder: Gibt es einen noch passenderen Gedanken?

Und vielleicht ändert sich etwas in Ihrer Umwelt, wenn Sie sich vorstellen, wie eine Änderung Ihres Gefühls auf Sie wirken würde.

Wenn wir uns nicht selbst beschränken, sind unserer Fantasie keine Grenzen gesetzt. Und da alles mit allem verbunden ist, wirkt sich unsere Fantasie in gewisser Weise auch auf unser Umfeld aus.

Nur eine Vision?

Die Freien Systemischen Aufstellungen können von jedem organisiert werden. Es ist auch möglich, dass sich verschiedene Personen diese Aufgabe teilen oder sich in der Organisation abwechseln.

Hieraus ergeben sich unzählige Möglichkeiten, wie freie Aufstellungen für viele Gruppen von Nutzen sein könnten: Jugendgruppen oder Kirchengemeinden könnten Gesprächs- und Aufstellungsabende anbieten. Familien, Verwandte, Bekannte könnten sich zu einem Aufstellungsabend oder -wochenende treffen, um sich (z. B. mithilfe von „verdeckten Aufstellungen") gegenseitig besser zu verstehen oder Schwierigkeiten gemeinsam zu lösen. Kinder können Aufstellungen spielen, z. B. das Spiel „Vater, Mutter, Kind". Und hier sehen wir, dass Kinder schon immer Aufstellungen durchführen, indem sie mit Puppen, Figuren oder anderen Elementen das nachspielen, was sie gerade beschäftigt.

Ich habe die Vision, dass die menschliche Fähigkeit zur „resonierenden Empfindung" zu einer weiteren Aufstellungsform führt: zum Freien Aufstellungs-Spiel.

Eine Gruppe von Menschen trifft sich, um sich gegenseitig zu unterstützen. Dabei ist für eine gewisse Zeit eine(r) die Person, die sich „spiegeln" lässt und die Rückmeldungen anderer als Anregung oder Hilfe nutzt. Die anderen spielen spontan für diese Person ein improvisiertes „Theaterstück". Und alle, auch die gespiegelte Person, können achtungsvoll das Theaterstück beeinflussen. Jeder darf sich als „Regisseur" wertschätzend einmischen. Gemeinsames Ziel dieser Zusammenarbeit könnte z. B. ein Happy-End sein.

Diese Vision entdeckte ich in einer Fortbildung bei Gunther Schmidt wieder, als er von Mitgliedern eines Stammes in Malaysia berichtete. Die „Senoi" haben es sich zur Tradition gemacht, unangenehme Träume so lange zu erzählen, bis sich ein guter Ausgang gefunden hat.

Was könnte das Ergebnis so einer Entwicklung der gemeinsamen Aufstellungsarbeit sein?

Die Menschen „spielen" gemeinsam auf einer neuen Bewusstseinsebene fröhliche und ernste Spiele. So wie jeder es als Kind schon getan hat. Leichtigkeit kann bei freien Aufstellungen durchaus angebracht sein. Es muss nicht immer nur „schwer" und „ernst" verlaufen, das Leichte gehört genauso dazu.

Eine Teilnehmerin erzählte mir etwas, das vielleicht bei einigen SeminarleiterInnen von Aufstellungen zu Empörung führen könnte. Aber vielleicht gehört auch das dazu?

Sie hat zu Hause mit Freundinnen eine Aufstellung durchgeführt, nachdem sie ein Gläschen Sekt getrunken hatten. Dadurch machten sie die Erfahrung, dass es leichter fiel, sich in die resonierende Empfindung fallen zu lassen. Der Zweifel, ob das passt, was man gerade fühlt, und ob es dazugehört, war geringer.

Angesichts von energetisch belastenden Rollen muss dies nicht immer gut ausgehen, denn dadurch verliert man bekanntlich auch die Kontrolle. Immer wieder gilt: Jeder bleibt eigenverantwortlich und sollte sich darüber im Klaren sein, ob etwas für ihn stimmig ist und ob er daran teilnehmen will oder nicht.

Kollision mit dem Gesetz?

Als ich mich mit den Aufstellungen nach Bert Hellinger auseinanderzusetzen begann, stellten sich mir auch bald Fragen, die die meisten professionellen AufstellerInnen, PsychotherapeutInnen und ÄrztInnen beschäftigen: Wer sollte Aufstellungen leiten und wer nicht? In welcher Form könnte man es lehren? Und wer sollte Ausbildungen anbieten?

Ich persönlich erhielt zunächst das Bild, dass die Entscheidung dieser Frage in den Händen der ÄrztInnen und PsychotherapeutInnen liegt. Ich wusste nichts von der gegenwärtigen Rechtslage und war der Überzeugung, mich strafbar zu machen, wenn ich – ohne eine ärztliche oder therapeutische Ausbildung zu besitzen – Aufstellungen anbieten würde.

Inzwischen ist mir bewusst, dass es kein Gesetz gibt, das mir das Aufstellen verbietet. Dennoch gibt es ein paar Dinge zu beachten.

Ich habe mich bei verschiedenen Personen mit Jurakenntnissen, durch das Buch „Rechtskunde für Heilpraktiker" (Susann Krieger, 2001) und durch ein Urteil des Bundesverfassungsgerichts vom 2. März 2004 informiert. Mein Anliegen ist es, die Situation so weit zu klären, dass Befürchtungen anderer Menschen, die gerne Aufstellungen anbieten möchten, sich auflösen und eine gewisse rechtliche „Sicherheit" und „Freiheit" entstehen kann.

Ich setze mich *nicht* dafür ein, dass jemand, der Aufstellungen organisiert, sich mindestens einer Heilpraktikerprüfung unterziehen sollte:

Durch meine Erfahrungen weiß ich, dass Aufstellungen nicht nur in organisierten Gruppen unter einer bestimmten (festen oder wechselnden) Leitung stattfinden können, sondern dass die „resonierenden Empfindungen" alltäglich sind, überall und immer geschehen und auch genutzt werden können. Jeder sollte sich dieses Phänomens bewusst werden dürfen und es achtungsvoll (aus)üben können, ohne Einschränkungen. Die Freien Systemischen Aufstellungen sind ein großer Schritt in diese Richtung.

Wenn jemand keine Ausbildung als Ärztin, Psychotherapeut oder Heilpraktikerin hat, in welchem Fall würde er sich strafbar machen, wenn er Aufstellungen anbietet und organisiert?

187

Was sollte vermieden werden?

Mehrere JuristInnen konnten zu meinen Fragen keine eindeutige Auskunft geben und so hatte sich mir zunächst nur ein grobes Bild herausgeschält, das sich durch das Urteil des Bundesverfassungsgerichts später bestätigen konnte und sich mehr klärte.

Fakt ist: Jeder darf Aufstellungen anbieten und durchführen.

Es ist nur die Frage, wie er es tut.

In Deutschland gilt die freie Berufswahl und freie Berufsausübung (Art. 12 I Grundgesetz, Freiheit der Berufswahl). Man darf also tun, was nicht per Gesetz verboten ist, und Aufstellungen sind nicht verboten.

Allerdings kann der Gesetzgeber Grenzen setzen (Art. 19 GG), wenn nachweisbare oder höchstwahrscheinlich schwere Gefahren für ein „überragend wichtiges Gemeinschaftsgut" vorliegen.

Und Gesetze des Gesundheitswesens fordern, dass man als Nicht-MedizinerIn und Nicht-HeilpraktikerIn weder diagnostiziert, noch Heilung, Linderung, therapeutische Wirkungen, Erleichterungen oder Seelenheilung verspricht. Es ist untersagt, Kuren, manuelle Maßnahmen und Medikamente zu verordnen oder zu verabreichen. Auch darf man dafür keine Werbung machen.

Heilpraktikergesetz

Gesetz über die berufsmäßige Ausübung der Heilkunde ohne Bestallung vom 17.2.39 (RGB1. 1 S. 251), zuletzt geändert durch Gesetz vom 23. Oktober 2001 (BGB1 1 S. 2702)

§1   (1)   Wer die Heilkunde, ohne als Arzt bestallt zu sein, ausüben will, bedarf dazu der Erlaubnis.

(2)   Ausübung der Heilkunde im Sinne dieses Gesetzes ist jede berufs- oder gewerbsmäßig vorgenommene Tätigkeit zur Feststellung, Heilung oder Linderung von Krankheiten, Leiden oder Körperschäden bei Menschen, auch wenn sie im Dienste von anderen ausgeübt wird.

[…]

§5   Wer, ohne zur Ausübung des ärztlichen Berufs berechtigt zu sein und ohne Erlaubnis nach §1 zu besitzen, die Heilkunde ausübt, wird mit Freiheitsstrafe bis zu einem Jahr oder mit Geldstrafe bestraft.

Eine „Eindruckstheorie" der laufenden Rechtsprechung (2003) besagt, dass unter der Ausübung der Heilkunde bereits jedes Tun zu verstehen ist, das bei den Behandelten den Eindruck erweckt, es habe zum Ziel, sie zu heilen oder ihnen Erleichterung zu verschaffen (= Eingehen einer Verpflichtung und damit Übernahme von Verantwortung).

Wer also als Nicht-HeilpraktikerIn Freie Systemische Aufstellungen organisieren will, sollte sich tatsächlich darüber im Klaren sein, dass man während der Aufstellungen die ganze Zeit nur als BeraterIn zur Verfügung steht. Gleichzeitig unterstützt diese Haltung das Autonomie-Weltbild aller Beteiligten.

Genau betrachtet ergeben sich sogar Vorteile, Aufstellungen nicht als Heilungs- oder Linderungsmethode zu sehen und anzubieten: Erstens bleibt man natürlich im gesetzlichen Rahmen, und zweitens wird dadurch verhindert, dass TeilnehmerInnen Verantwortung an eine „heilende" Aufstellung abgeben. Vielleicht könnte bereits die Benutzung des Wortes „Lösungen" kritisch sein oder zu Verantwortungsabgabe verleiten. Denn wenn jemand denkt, eine Aufstellung bringe eine Lösung, dann könnte er gewisse Erwartungen entwickeln, dadurch Verantwortung an die Aufstellung abgeben und dabei seine Autonomie vergessen.

Aufstellungen können, wie in diesem Buch gezeigt, eine fantastische Möglichkeit darstellen, sich durch eine Gruppe gezielt beraten zu lassen. Sie geben Impulse für eigene Ideen und eigene Lösungen. Sie können auf die Selbstheilungskräfte anregend wirken. Sie sind eine Methode oder ein Werkzeug zur Selbstreflexion und zum Lernen und Trainieren integrierender Sichtweisen. Die möglicherweise befreienden Folgeerscheinungen solcher neuen Sichtweisen sind dabei keine Wirkung einer Aufstellung oder eines Aufstellungsleiters, sondern die Folge eines neuen eigenen Verhaltens und Denkens oder auch die Folge von aktivierten Selbstheilungskräften. Und gerade das geniale Phänomen der resonierenden Empfindungen von StellvertreterInnen bewegt uns aufgrund der intensiven Übereinstimmungen, der hohen „Trefferquote" dazu, es tatsächlich als Spiegel zu nutzen, dem Rollenspiel Glauben zu schenken und darauf mit gezielten (bewussten und unbewussten) Veränderungen unserer Sichtweise zu reagieren.

Neue befreiende Sichtweisen können aber nicht nur mithilfe von Aufstellungsgruppen angeregt werden, sondern ebenso durch alltägliche Situationen, Bücher, Filme, Theaterstücke und auch durch eigenes Nachdenken. Das Entwickeln neuer eigener Sichtweisen und neuen Verhaltens liegt allein in der Verantwortung eines jeden Menschen selbst.

Fazit: Aufstellungen können auf diese Weise als „Lebensberatung" oder als „Coaching" angeboten werden. Ebenso können sie zur Aktivierung von Selbstheilungskräften genutzt werden.

Michael Dreusicke erzählte mir, was ihm schon während seines Jura-Studiums deutlich wurde: Die Aufstellungsarbeit unterliegt keinem Standesrecht, d. h. es gibt keine Kammer (etwa wie bei ÄrztInnen oder HeilpraktikerInnen), die über eine ordnungsgemäße Ausübung von Aufstellungen wacht.

Werden Aufstellungen mit Gewinnerzielungsabsichten angeboten, kommen gewerberechtliche Bestimmungen zum Tragen. Man ist verpflichtet, seine Tätigkeit als Gewerbe anzumelden. Beim Gewerbeaufsichtsamt kann man sich darüber genauer informieren. Bietet man Aufstellungen als Gegenleistung zu Geldgeschenken an (auf Spendenbasis), ist dieser Punkt unwichtig.

Des Weiteren gehört das Aufstellen zu organisierten Gruppenaktivitäten. Man könnte sich also als OrganisatorIn bei unterlassener Hilfeleistung strafbar machen. Deshalb sollte man dafür sorgen, dass in einem Notfall schnell Hilfe geholt werden kann.

Ebenso kann man bei Aufstellungen wie auch im Alltag für Beleidigung oder Körperverletzung (z. B. auch bauliche Beschaffenheit des Aufstellungsraumes: herausstehender Nagel etc.) verklagt werden.

Wenn ein „Behandlungsvertrag" zwischen LeiterIn und TeilnehmerIn abgeschlossen wird, können sich daraus zivilrechtliche Ansprüche ergeben. So ein Behandlungsvertrag kann auch unabsichtlich entstehen, z. B. stillschweigend, durch faktisches Handeln (siehe „Eindruckstheorie" S. 189) oder sogar durch Unterlassen. Michael Dreusicke empfiehlt deshalb, einen unabsichtlichen Vertragsschluss auszuschließen. Dies könnte dadurch geschehen, dass der Teilnehmer folgende Erklärung unterzeichnet:

„Ich nehme zur Kenntnis, dass zwischen mir und dem Aufstellungsleiter kein Behandlungsvertrag o. ä. geschlossen wird."

Und meine Empfehlung lautet: nur beraten und seine eigenen Gefühle und Intuitionen mitteilen. Nicht ungefragt führen oder anleiten und nicht behandeln, also nicht scheinbar Verantwortung übernehmen.

Man kann zu Beginn eines jeden Workshops von den neuen TeilnehmerInnen eine Erklärung unterschreiben lassen:

„Ich nehme an den von <Ihr Name> organisierten Aufstellungsworkshops auf eigene Verantwortung und eigenes Risiko teil und
versichere, dass ich weder an körperlichen noch an geistigen Krankheiten leide, die mich oder andere im Workshop gefährden könnten.
Ich bin für alles, was ich während eines Workshops tue, bekomme,
gebe und erfahre, selbst verantwortlich. Ich bin mir bewusst, dass
während und nach einem Workshop keine therapeutische, ärztliche
oder sonstige heilende Tätigkeit und Unterstützung angeboten wird
und handle bei meiner Teilnahme in völliger Eigenverantwortung.
Zwischen mir und der Workshopleitung wird kein Behandlungsvertrag o.ä. geschlossen. Die Freien Aufstellungen stellen in dem Workshop keine Behandlungen dar. Der Workshop dient mir ausschließ-
lich zur Selbsterfahrung.“

Diese unterschriebene Erklärung ist jedoch keine Garantie dafür,
dass ich mich nicht in irgendeiner Art und Weise als Workshop-
Veranstalter doch strafbar mache. Zumindest aber stärkt es bei meinen TeilnehmerInnen das Bewusstsein für die vorhandene Eigenver-
antwortlichkeit.

Empfehlenswert ist es, für eine Gruppenveranstaltung den Erste-
Hilfe-Kurs aufzufrischen und sich um folgende Punkte zu kümmern:

Existiert mindestens ein funktionierendes (Mobil)Telefon?

Wie lauten die Notrufnummern?

Ist eine Erste-Hilfe-Box vorhanden?

Sind Feuerlöscher notwendig und die Fluchtwege geklärt?

Besitzen Sie eine private Haftpflichtversicherung?

Vielleicht kann als OrganisatorIn von Selbsterfahrungsgruppen
auch eine Berufshaftpflicht- und/oder Rechtsschutzversicherung
sinnvoll sein.

Ich halte das nicht für notwendig, wenn Aufstellungen lediglich im Bekanntenkreis oder in der eigenen Familie organisiert werden. Beschäftigt man sich allerdings mit dem Gebiet der Aufstellungen intensiver und möchte das Organisieren zu seinem Beruf machen, wird man im Laufe der Zeit mit den verschiedensten Situationen konfrontiert.

Wie unterschiedliche Zeitungen berichtet haben (u. a. „Bild am Sonntag" am 18. Mai 2003) ist im Jahr 2002 Bert Hellinger selbst angeklagt gewesen „wegen des Verdachts auf Heilbehandlung ohne Erlaubnis" (Bert Hellinger besitzt keine Erlaubnis im Sinne des Heilpraktikergesetzes). Die Staatsanwaltschaft München hat jedoch nach ca. einjährigen Ermittlungen im Juni 2003 die Klage als „unbegründet" zurückgewiesen.

Wenn in meinen Workshops jemand psychisch so belastet ist, dass er sich nicht mehr selbst auffangen oder kontrollieren kann, handle ich genauso wie im normalen Alltag: Ich versuche, nach bestem Wissen und Gewissen Erste Hilfe zu leisten, wie es im Abschnitt über „Gefahren" beschrieben ist, oder Hilfe zu holen.

Da ich keine ärztliche oder psychotherapeutische Ausbildung besitze, ist es für mich wichtig, auch auf diesem Gebiet die Verantwortung für fachliche Hilfe von Anfang an bei denjenigen zu lassen, die damit umgehen dürfen, also bei ÄrztInnen, PsychotherapeutInnen und HeilpraktikerInnen. In meinen Flyern für meine Workshops schreibe ich auch deshalb ausdrücklich, dass ich keine fachliche Ausbildung in dieser Richtung besitze.

Am 2. März 2004 fällte das Bundesverfassungsgericht ein Urteil bezüglich des Umfangs der Erlaubnispflicht nach dem Heilpraktikergesetz in einem Fall des so genannten geistigen Heilens (1 BVR 784/03). Es hob Gerichtsentscheidungen des Verwaltungs- und Oberverwaltungsgerichts Schleswig-Holstein wieder auf. In diesen

Entscheidungen hatten die Gerichte die Tätigkeit eines Heilers als „Ausübung der Heilkunde" angesehen. Dieser Heiler beschreibt seine Arbeit als ein Versuch, durch Auflegen seiner Hände die Seele des Kranken zu berühren. Er würde positive Energien übertragen und damit die Selbstheilungskräfte seiner Klienten wecken. Des Weiteren rät er den Kranken dringend, weiterhin Ärzte aufzusuchen.

Das Bundesverfassungsgericht ist der Ansicht, dass der Heiler in seinem Recht auf Berufswahlfreiheit eingeschränkt wird, wenn er für seine Tätigkeit eine Heilpraktikerprüfung ablegen müsse. Denn seine Heilertätigkeit beschränkt sich nur auf die Aktivierung der Selbstheilungskräfte seiner Patienten durch Handauflegen. Ärztliche Fachkenntnisse sind dabei nicht notwendig, vor allem weil er unabhängig von den Beschwerden immer durch Handauflegen handelt.

Es wird bei den Patienten nicht der Eindruck geweckt, er würde heilkundlich tätig sein, da seine spirituellen Riten der traditionellen Medizin nicht sehr nahe stehen. Den Patienten ist deutlich, dass es sich hierbei nicht um einen Ersatz für medizinische Betreuung handeln kann. Das muss auch gewährleistet bleiben, z. B. dadurch, dass den Patienten zu Beginn Merkblätter zur Unterschrift vorgelegt oder frei sichtbar an die Wand gehängt werden. Daraus sollte klar hervorgehen, dass die Heiltätigkeit keine ärztliche Behandlung ersetzt.

Wer krank ist und statt notwendiger ärztlicher Hilfe eher rituelle Heilung vorzieht, wählt eigenverantwortlich etwas von einer Heilbehandlung Verschiedenes. Dies zu verhindern ist nicht Sache des Heilpraktikergesetzes.

Das Bundesverfassungsgericht betont, dass der Heiler keine diagnostische Tätigkeit ausübt. Er beschränkt sich auf das Handauflegen.

Je stärker sich das Erscheinungsbild eines Heilers von der Tätigkeit eines Arztes unterscheidet, desto geringer wird die Notwendigkeit einer Erlaubnispflicht nach dem Heilpraktikergesetz.

Abschließend erwähnt das Gericht in seiner Begründung, dass die Forderung an den Heiler, eine Heilpraktikerprüfung abzulegen, unangemessen sei, da die hier geforderten Kenntnisse (Anatomie, Physiologie, Pathologie, Diagnostik, Therapie etc.) für den Heiler bei seiner Berufsausübung nicht verwertbar sind.

Kurz: Er braucht diese Kenntnisse für seine Tätigkeit des Handauflegens nicht.

Wenn ich die Aussagen des Gerichts auf die Tätigkeit des Aufstellens übertrage, dann sehe ich, dass das Aufstellen und das gleichzeitige oder anschließende Mitteilen von Sichtweisen, Interpretationen, Deutungs- und Handlungsvorschlägen aller Beteiligten ein gemeinsamer Meinungsaustausch ist – und keine „Diagnose" oder „heilende Tätigkeit" einer einzelnen Person. Unabhängig davon, welche Beschwerden ein TeilnehmerInnen mitbringen, wird immer nur aufgestellt und geschaut, was sich in der Aufstellung entwickelt und wie man sie zu einem Happy End bewegen kann. Die Tätigkeit der freien und nicht geleiteten Aufstellung liegt den medizinischen und therapeutischen Tätigkeiten ebenfalls sehr fern. Und auch die Forderungen nach z. B. therapeutischen Kenntnissen des Organisators wären unangemessen und würden den Organisator in seiner Berufswahlfreiheit einschränken.

Deshalb „darf" meiner Ansicht nach diese freie Form der Aufstellung jeder organisieren und als gastgebende(r) OrganisatorIn oder z. B. auch als RegisseurIn eines improvisierten „privaten" Theaterstücks anbieten. Ziel dieses Aufstellungsspiels ist es, der Person, die das Thema vorgibt, ihre Situation zu spiegeln, ihr dadurch Möglichkeiten zur Selbsterkenntnis und zur Aktivierung der Selbstheilungskräfte zur Verfügung zu stellen, neue Impulse und Ideen zu der dargestellten Problematik aufzuzeigen und vielleicht für die aufstellende Person ein Happy End erfahrbar zu machen.

Zum Schluss dieses Abschnitts möchte ich noch mithilfe meiner eigenen Geschichte ermutigen, immer seinem Gefühl in Kombination mit seiner Intuition zu folgen: Als ich begann, Aufstellungen zu organisieren, hatte ich keine Ausbildung im Aufstellen absolviert, sondern bin vorher immer nur meinem Interesse und meiner Leidenschaft gefolgt, habe mich selbst erforscht, habe Bücher gelesen, nahm an Arbeitstagungen teil, besuchte nur ein einziges Aufstellungsseminar, schrieb einen Artikel für die Zeitschrift „Praxis der Systemaufstellung" und habe anschließend nach eigenem Gefühl begonnen, regelmäßig (zunächst kostenlose) Workshops anzubieten. Eine lange Ausbildung ist für das freie Aufstellen nicht notwendig. Ausgebildet werden wir alle auch in den Aufstellungen selbst – genauso wie vom Leben.

Möchte sich jemand mehr „absichern" und hat ein Bedürfnis nach Unterweisungen, Hilfen und Unterstützungen, dann ist es sinnvoll, sich erfahrenen Aufstellern anzuvertrauen und von ihnen zu lernen.

Ich selbst gehörte lange zu den Menschen, die die Ansicht vertreten, man könne es „alleine" schaffen. In Wirklichkeit aber habe auch ich es nicht allein geschafft. Denn meine Eltern haben mich versorgt, erzogen und unterstützt. In der Schule leiteten mich LehrerInnen und an der Musikhochschule lernte ich strenge und tolerante Professoren kennen. Ich habe viele Bücher anderer Menschen gelesen und mich immer wieder in den Kontakten mit anderen Menschen auseinandergesetzt. Irgendwann bin ich – wie viele andere auch – nicht mehr dem Weg gefolgt, der von den Sichtweisen anderer oder von unserer Gesellschaft vorgegeben wird, sondern bin meinen eigenen Weg gegangen, der genauso zum Ganzen dazugehört wie alle anderen Wege auch.

Das freie Aufstellen in einer Gruppe ist ebenso kein Weg, den man alleine geht. Denn hier ist man auf die Rückmeldungen von StellvertreterInnen und Gruppenmitgliedern angewiesen. Gleichzeitig kann man mit ihrer Hilfe selbstständig seinen Weg finden.

Eigenverantwortung und Ebenbürtigkeit können sich am besten in einem Rahmen entfalten, in dem Eigenverantwortung und Ebenbürtigkeit auf allen Ebenen (vor)gelebt wird.

Die resonierenden Empfindungen im Alltag

Das Großartige an Aufstellungen ist, dass sie uns zeigen, was in unserem Alltag alles möglich ist.

Schon bevor ich Aufstellungen kennenlernte, war ich mir bewusst, dass es eine Form von „telepathischem" Kontakt geben muss. Allein die „Zufälle", wenn zwei Personen im selben Moment dasselbe aussprechen, sozusagen im Chor, waren für mich keine. Und ich erlebte Momente, in denen ich fühlen konnte, wie es einem anderen Menschen geht, obwohl wir gerade keinen Kontakt hatten. Ein Telefonat oder ein Briefwechsel bestätigten mir meine Wahrnehmung.

Sie kennen diese Situationen sicherlich auch, in denen das Telefon klingelt und Sie in dem Moment spüren, wer es ist. Es war eine Vermutung, die sich anschließend „zufällig" als richtig herausstellte. Oder Sie haben an eine Person gedacht und kurze Zeit später ruft „zufällig" genau diese Person an.

Rupert Sheldrake hat in seinem Buch „Der siebte Sinn des Menschen" eine große Zahl von faszinierenden Berichten und Versuchen über diese Wahrnehmungsfähigkeit gesammelt und ist dadurch zu einem beeindruckenden Ergebnis gekommen: Es gibt signifikante Anzeichen dafür, dass diese scheinbaren Zufälle keine sind. Also existiert eine Verbindung zwischen Menschen auf einer uns unbewussten Ebene, die wir nutzen können.

Testen Sie einmal Ihre (Gefühls-)Vermutungen, wenn z. B. das Telefon klingelt. Experimentieren Sie damit und führen Sie eine Strichliste, wie oft Sie richtig raten, bevor Sie den Hörer abnehmen.

Beginnen Sie vielleicht zunächst mit einem Test, in dem Sie raten, ob diese Person Ihnen fremd oder bekannt oder sogar mit Ihnen verwandt ist. Sie werden erstaunt sein.

Tiere sind davon nicht ausgeschlossen. Es gibt eine Fülle von Beispielen, die Rupert Sheldrake in seinem Buch „Der siebte Sinn der Tiere" aufgeführt hat, die eine Verbindung zwischen den verschiedenen Wesen belegen.

Telepathie ist ein heikles Thema. Wer es selbst noch nicht eindeutig erlebt hat, wird weniger daran glauben und denjenigen für „verrückt" halten, der mit ihm ein Gespräch darüber beginnt.

So ähnlich ist es auch mit den Aufstellungen. Man kann nicht erklären, was Aufstellungen sind. Man muss es selbst erleben. Jedes Geschehnis wird von jedem auf individuelle Weise erlebt und interpretiert und kann von anderen wieder ganz anders gesehen werden.

Jeder sieht von seinem Standpunkt aus einen Teil der allumfassenden Wirklichkeit.

Einige Beispiele aus meinem Leben (von mir gedeutet):

Vor vielen Jahren lernte ich eine Frau kennen, die noch mit einem weiteren Mann in einem tiefen Kontakt lebte. Es entstanden Situationen, in denen sie sich mit mir traf und der andere sie anrief, weil er sich plötzlich irgendwie unwohl fühlte. Er spürte etwas, obwohl er nicht wusste, dass ich gerade bei ihr zu Besuch war.

Bei einer Bekannten mit einem kleinen Kind ergab sich Folgendes: Sie telefonierte mit ihrem früheren Mann, während ich mit ihrem Kind spielte. Auf einmal begannen wir, gemeinsam an großen Papierblättern zu reißen. Das Kind hielt sie auf der einen Seite fest, ich zog auf der anderen Seite, bis sie zerrissen. Dann nahmen wir ein neues Blatt. So zerrten wir und machten lauter kleine Schnipsel.

Diese Situation war ein treffender Spiegel zu dem inneren Zustand meiner Bekannten während ihrer telefonischen Auseinandersetzung. Sie fühlte sich hin und her gerissen. Und in unserem Spiel passierte spontan eine unabsichtliche Aufstellung dazu.

In einer anderen Situation beobachtete ich eine Frau mit Kind, die sehr nachdenklich und verschlossen war. Sie wirkte dabei fast ein bisschen „kühl". Ihr Kind verhielt sich in dem Moment sehr anhänglich ihr gegenüber, schaute aus dem Fenster, sah den Schnee an und fragte aus heiterem Himmel: „Mami, wann schmilzt der Schnee?"

Man könnte dies als Spiegel deuten und annehmen, dass es unbewusst die momentane Verschlossenheit der Mutter spürte, darauf mit Anhänglichkeit reagierte und nun wissen wollte, wann sie sich wieder öffnet. Oder es stellte eine Frage, die sie sich gerade selbst stellte: „Wann löst sich mein Problem?"

So eine Deutung ist sehr vage. Doch als ich ihr meine Gedanken mitteilte, war sie tief berührt. Sie passten für sie, und das war die Hauptsache.

Kinder können uns als Spiegel dienen, weil sie oft ihren Gefühlen spontan folgen. Ihre Gefühle sind eine „resonierende Empfindung" all denjenigen gegenüber, die gerade mit ihnen zu tun haben. Wir können von manchem Verhalten der Kinder und auch von unserer Deutung ihres Verhaltens ablesen, was wir selbst ausschließen. Unser Ausschluss zeigt sich besonders, wenn wir auf sie mit Ausgrenzungen reagieren, sie „bremsen" wollen oder wenn es uns „zu viel" wird. Wir wollen nicht, dass „auch das noch" dazugehört.

Das bedeutet nicht, dass wir ihnen gegenüber keine Grenzen setzen dürfen. Doch es gibt Grenzen, die wir aus Verzweiflung setzen, und Grenzen, die wir aus Gewissheit, einer Klarheit und aus einem inneren Gefühl der Gelassenheit heraus setzen.

Die Verzweiflungsgrenzen sind ein Spiegel für uns selbst. Hier können wir uns hinterfragen, was wir denn eigentlich ausgrenzen wollen. Und wir können überlegen, was wäre, wenn wir es als dazugehörig anerkennen und integrieren würden ...

In Situationen, die mich stören und nerven, kann ich entspannen oder loslassen, wenn ich sie als dazugehörig anerkenne. Ich lenke für eine gewisse Zeit meine Aufmerksamkeit darauf, lasse mich also „stören" und ablenken, integriere sie dadurch und kann dann meinem eigenen Wunsch folgen, während die Störung nebenbei existiert. Ich wehre mich nicht mehr gegen sie, muss mich aber auch nicht mehr darum kümmern, denn sie gehört dazu.

Irgendwann habe ich erkannt, dass mein eigenes Gefühl von Anhänglichkeit ein Zeichen dafür ist, dass ich Nähe wünsche und mein Gegenüber gerade in gewisser Weise verschlossen ist oder Anhänglichkeit ausgrenzt.

Umgekehrt habe ich auch erfahren, dass meine Verschlossenheit ein Zeichen dafür sein kann, dass mein Gegenüber gerade in gewisser Weise anhänglich ist und vor einer Distanz Angst hat.

Viele kennen das Wechselspiel in einer Partnerschaft, in dem der eine anhänglich ist, wenn der andere sich gerade verschließt. Gibt der eine seine Anhänglichkeit auf oder öffnet sich der andere wieder und wird anhänglich, dreht sich das Verhältnis plötzlich um: Nun ist der eine verschlossen und der andere anhänglich.

Beide sind gegenseitig StellvertreterInnen füreinander. Sie demonstrieren mit ihrem Verhalten, dass der jeweils andere Schwierigkeiten mit den beiden Polen Verschlossenheit und Anhänglichkeit hat. So können beide Seiten daraus lernen: Der Verschlossene lernt, Anhänglichkeit zu integrieren, und der Anhängliche lernt, Verschlossenheit zu integrieren.

Wer Verschlossenheit und Anhänglichkeit integriert hat, reagiert gegenüber einem anderen Menschen, der diese beiden Seiten noch nicht integrieren konnte, ebenso distanziert oder anhänglich, je nachdem was der andere gerade ausschließt oder vermeidet. Doch er selbst hat kein Problem mehr damit und macht dem anderen daraus keinen Vorwurf. Er ist sich inzwischen bewusst, dass sein Gefühl eine resonierende Empfindung darstellt, und kann den anderen so nehmen, wie er ist. Er weiß, dass er die Wahl hat, diese Stellvertreterrolle anzunehmen oder sich daraus zurückzuziehen (siehe dazu mein Buch „*Ich stehe nicht mehr zur Verfügung*").

Ich selbst habe einen jahrelangen Prozess durchlebt, in dem ich Schritt für Schritt die Angst vor Trennung und Verlust mithilfe von Trauer verarbeiten und integrieren konnte (siehe dazu mein Buch „*Der Mann, der sich glücklich weinte*").

Ergebnis: Es entwickelte sich in mir das Weltbild, in dem auf einer bestimmten Ebene alles miteinander verbunden ist, Trennung hier also nicht existiert. So kann ich immer öfter Gefühle als „resonierende Empfindungen" identifizieren, je nachdem was ich bereits integriert habe und was ich noch ausschließe.

Auf dem Weg zur Integration von allem nutze ich immer wieder den Satz: „… und auch das gehört dazu."

In meinem Gesangs- und Klavierunterricht erlebe ich, dass ich mich von Schüler zu Schüler in sehr unterschiedliche Lehrerrollen begebe. Kurze Nachforschungen hierzu ergaben, dass mein Verhalten oft dem Verhalten der Eltern des Schülers entsprach. Ich werde als Lehrer zum Stellvertreter der Eltern oder auch zum Stellvertreter von Ausgeschlossenem. Diese resonierende Empfindung zeigt mir, was jemand „gewohnt" ist und/oder was er vielleicht bekämpft.

Wenn ich die Stellvertreterrolle zunächst annehme, kann ich auch damit „umgehen", sie verändern und dem Schüler dadurch neue Verhaltensmöglichkeiten demonstrieren.

Genauso habe ich mein Verhalten in Partnerschaften verstanden. Oft hatte ich das Gefühl, nicht frei derjenige sein zu können, der ich „wirklich" bin. Ich verhielt mich in einer Partnerschaft irgendwie anders, gehemmt oder auf ein bestimmtes Verhalten festgelegt. Dieses Gefühl war die resonierende Empfindung in Bezug auf meine Partnerin.

Hatte ich selbst ein Problem mit diesem Gefühl, dann stellte meine Partnerin gleichzeitig eine Chance für mich dar, hier etwas neu zu integrieren.

Fazit: Wir können uns gegenseitig als „StellvertreterIn" erkennen, als „Spiegel" (siehe dazu unser Buch „*Der lebendige Spiegel im Menschen – In Resonanz lernen-lösen-leben-lieben*").

Es gibt viele Partnerschaften, in denen es üblich ist, aneinander „herumzukritisieren", oft mit dem Wunsch, dem anderen zu helfen. Tatsächlich steckt jedoch der Wunsch dahinter, die Rolle loszuwerden, die wir dem anderen gegenüber fühlen. Wir wehren uns gegen sie und wollen vom anderen so gesehen und anerkannt werden, wie wir uns selbst „normalerweise" fühlen. Gleichzeitig übernehmen wir noch eine weitere Rolle, wenn wir unsere Abwehr ausleben: die des Helfers oder der Kritikerin.

Sicherlich stellen sich manche entnervt die Frage: „Gibt es auch mal Situationen, in denen wir nicht StellvertreterInnen füreinander darstellen? In denen wir ebenbürtig zueinander stehen, uns gegenseitig so sehen und anerkennen, wie wir sind?"

Meine Antwort darauf lautet: Nein.

Wir besitzen nicht die Möglichkeit zu sehen, wie der andere „wirklich" ist. Und der andere kann nicht erkennen, wie wir „wirklich" sind. Jeder sieht nur sich selbst im anderen, seine eigenen Deutungen und Interpretationen. Dabei überprüft man mithilfe seiner eigenen (Un-)Gleichgewichtsgefühle immer wieder neu, ob sie passen oder korrigiert werden müssen.

Da dies allen so geht, können wir darin unsere Ebenbürtigkeit entdecken: Jeder besitzt automatisch eine Stellvertreterrolle gegenüber dem anderen.

Wir können es annehmen lernen, dass wir zu jeder Zeit StellvertreterInnen füreinander sind und bleiben, denn auch das gehört dazu. Und wenn wir uns alle dieser Tatsache bewusst sind, damit leben und umgehen, besteht die Möglichkeit, die Rollen bewusst zu wechseln und beispielsweise auch einen Stellvertreter darzustellen, den sich der andere gerade wünscht. Wir können die resonierende Empfindung nutzen, uns gegenseitig unsere Wünsche nach neuen und besseren Gleichgewichten zu erfüllen.

Dann sind wir nicht mehr Opfer von „versehentlichen" Aufstellungen und von Rollen, in die wir unabsichtlich „hineinrutschen", sondern werden zu offenen achtungs- und liebevollen „Lebenskünstlern".

Eine Verschmelzung geschieht in dem Moment, in dem wir gegenseitig Rollen spielen, die jeder jeweils vollständig integrieren kann. Hier schwingen wir in Resonanz miteinander.

Mit dieser Erkenntnis und wertschätzenden Haltung ist die resonierende Empfindung in unserem Alltag integriert.

Dieses Buch als Spiegel

Ist Ihnen aufgefallen, dass Ihnen beim Lesen des Buches bestimmte Gedanken und Gefühle gekommen sind?

Haben Sie entdeckt, dass in Ihrem Leben plötzlich etwas passiert ist, das dem zuletzt gelesenen Thema ähnlich war?

Oder haben Sie irgendwann weitergelesen und sind dabei gleich auf ein Thema gestoßen, das Ihnen vor kurzer Zeit im Alltag begegnet war?

Sollte dies der Fall sein, können Sie daran erkennen, dass Sie nicht einmal Menschen benötigen, um sich selbst etwas zu spiegeln. Wenn Sie diesbezüglich Ihr Leben genauer beobachten, werden Sie viele interessante und faszinierende Übereinstimmungen entdecken.

Ich habe neben meinem Bett eine kleine Indianerbüste stehen. An dem immer wieder unterschiedlich wirkenden Gesichtsausdruck des Indianers kann ich ablesen, in welcher Stimmung ich mich befinde. Schaut er traurig, wird mir meine Traurigkeit bewusster. Lächelt er weise, dann weiß ich, dass ich meine momentanen Gedanken nicht so ernst nehmen sollte. Ärgere ich mich, so sieht sein Blick finster aus.

Mir selbst helfen solche Erlebnisse immer wieder, mich zu bestätigen. Ich fühle mich dadurch auf eine gewisse Weise „geborgen" und erkenne auch hier wieder: Alles gehört dazu und ist auf für mich unüberschaubare Weise intensiv miteinander verbunden. Es ist, als ob ich allmählich erkenne, dass ich eine kleine Zelle eines großen Körpers bin. Diesen mir übergeordneten Körper kann ich nicht wahrnehmen. Ich spüre nur die (Un-)Gleichgewichte auf mich selbst bezogen. Und alle Gefühle gehören ausnahmslos zum Ganzen dazu.

Unvollständigkeit

So wie wir erst am Anfang der Erforschung von Aufstellungsphänomenen stehen, so wie eine Aufstellung nie endgültig „fertig" ist, so steht auch dieses Buch und meine Aufstellungstätigkeit am Anfang. Das bedeutet, dass die Beschreibung der Freien Systemischen

Aufstellungen nicht vollständig ist. Sie wächst mit den Erfahrungen von mir und anderen.

Ich hoffe und wünsche, dass dieses Buch einen Anstoß gibt zur Weiterentwicklung unserer menschlichen Wahrnehmungsfähigkeit und dem Verständnis unseres Nervenzellenuniversums.

Warum ist das Meer Herr der hundert Täler?
Weil es immer tiefer liegt als sie.
Daher ist es Herr der hundert Täler.

Um oben zu sein, muss man von unten sprechen.
Um vorne zu sein, muss man zurückbleiben.
Die Weisen stehen oben
und die Menschen fühlen sich nicht unterdrückt;
Die Weisen gehen voran
und die Menschen nehmen keinen Schaden.
Die Welt kommt freudig zusammen,
ohne ihrer überdrüssig zu werden.

Wer keinen Streit sucht,
wird keinem Streit begegnen.

Lao Tse

Um klar zu sehen, genügt oft ein Wechsel der Blickrichtung.

Antoine de Saint-Exupéry

Fortsetzungen

Freie Systemaufstellung: Das fühlt sich richtig gut an!
Gefühle erforschen, Klarheit gewinnen und den Alltag befreit leben

Während das Buch *„Das freie Aufstellen"* das allererste Buch ist, das über Freie Systemaufstellungen geschrieben wurde, gilt *„Das fühlt sich richtig gut an!"* als Grundlagenbuch. Hier wird in vier strukturierten Kapiteln beschrieben, wie Sie die Freie Systemaufstellung lernen, durchführen und organisieren können. Im ersten Kapitel geht es um das Aufstellen mit sich allein – mithilfe von Fühlfeldern / Bodenankern / Papierblättern, die auf den Boden gelegt werden. Im zweiten Kapitel beschreibt Olaf Jacobsen, wie man zu zweit aufstellen kann. Dies kann sehr hilfreich für Beratungssituationen sein. Das dritte Kapitel unterstützt darin, sich in einem kleinen Freundeskreis gegenseitig zu helfen. Und wie Sie das Freie Aufstellen in größeren Gruppen optimal organisieren, steht im letzten Kapitel.

Lernen Sie mithilfe dieses Buches und vielen praktischen Beispielen von Grund auf spielerisch das Systemstellen. Freie Systemaufstellungen sind einfach, machen Spaß, schenken Tiefe und brauchen keinen therapeutischen Rahmen. Lernen Sie, das Potenzial von Gefühlen zu erforschen und Ihre Kreativität für das Erreichen von Zielen und das Lösen von Schwierigkeiten in allen Bereichen zur vollen Entfaltung zu bringen.   ISBN: 978-3-936116-63-2

Ich stelle selbst auf
Wie Sie Ihre Selbstheilungskräfte durch Freies Aufstellen aktivieren

Dieses Buch ist die Fortsetzung zum oben beschriebenen Grundlagenbuch – für Fortgeschrittene. Olaf Jacobsen beschreibt hier weitere Techniken und Erkenntnisse. Aus der Perspektive einer aufstellenden Person kann bis in jede Einzelheit hinein nachvollzogen werden, wie eine Freie Aufstellung mithilfe einer Gruppe optimal genutzt wird. Die Beteiligten geben sich unerwartete, spannende, interessante Impulse für die Lösungen von Problemen. Sie helfen sich beim Treffen von Entscheidungen, beim Erreichen von Zielen und sie aktivieren ihre Selbstheilungskräfte. Auch Konflikte in Partnerschaften, Familien und in Firmen können mit dieser Methode geebnet werden.

Zusätzlich werden in diesem Buch viele Möglichkeiten angeboten, wie man die resonierenden Empfindungen auf alle Bereiche des Alltags erfolgreich überträgt.

Die von Olaf Jacobsen begründeten Freien Systemischen Aufstellungen sind von keinem therapeutischen Rahmen und keinem Beratungssetting abhängig und können von jedem Menschen selbstständig angewendet werden.   ISBN: 978-3-936116-62-5

Impulskarten für Freie Systemische Aufstellungen

Als zusätzliche Unterstützung ist ein Kartenset zum Buch erhältlich. Es enthält auf 52 Karten über 120 Einzelbegriffe. Alle in den Büchern aufgeführten Hilfsangebote wie auch weitere Anregungen sind dort versammelt. Wenn Sie in Ihrer Aufstellung nicht mehr weiterwissen, keine Idee haben, was Sie tun können oder was als Nächstes dran ist, dann mischen Sie die Karten verdeckt, ziehen eine und beobachten, ob und wie Ihnen dieses „zufällig" gezogene Werkzeug weiterhilft. Sie können auch eine Karte am Anfang einer Aufstellung ziehen, um zu schauen, um welches Thema es sich bei dieser Aufstellung möglicherweise drehen wird. Wenn Sie eine Karte ziehen, die mehrere Begriffe enthält, dann fühlen Sie nach, welcher Begriff Sie gerade am stärksten anspricht, und stellen diesen einfach als StellvertreterIn in Ihre Aufstellung hinein. Beobachten Sie, inwieweit das hilfreich wirkt und was sich Neues entwickelt (Informationen dazu auch auf der letzten Seite in diesem Buch).

Die Regeln für
Freie Systemische Aufstellungen

Regel 1:
Die Höhe der Teilnahmegebühr richtet sich nach den Bedürfnissen der Organisatorin / des Organisators. Seite 38

Regel 2:
Ein(e) gastgebende(r) OrganisatorIn stellt einen äußeren und einen inneren Raum zur Verfügung, in dem Aufstellungen durchgeführt werden können. S. 43

Regel 3:
Jede(r) hat das Recht, Fehler zu machen, das Recht, die eigene Auffassung zu ändern, und das Recht, in jedem Moment den Raum zu verlassen. S. 56

Regel 4:
Die Entscheidung, in welcher Form eine Aufstellung abläuft und ob jemand Entscheidungen übernimmt, liegt bei der/dem aufstellenden TeilnehmerIn. S. 58

Regel 5:
Jede(r) trägt nur Verantwortung für sich allein, sorgt für sich selbst und kümmert sich um die Erfüllung ihrer/seiner eigenen Wünsche. Niemand trägt Verantwortung für eine(n) andere(n). S. 58

Regel 6:
Die/der gastgebende OrganisatorIn entscheidet aus eigenem Gefühl, wann sie/er organisierend eingreift und wie sie/er ein Ungleichgewicht in der Gruppe ordnet. S. 60

Regel 7:
Der aufstellenden Person und ihrer Aufstellung hilft, was Veränderungen so auslöst, dass es die aufstellende Person als Lösung empfindet. Wenn sie jedoch kaum auf die angebotene Hilfe reagiert, war es keine.　　　　　　　　　　　　　　　　　　　　　S. 60

Regel 8:
Eine Aufstellung wird von der inneren Weisheit der gesamten Gruppe begleitet.　　　　　　　　　　　　　　　　　　　　　　S. 62

Regel 9:
Jede(r) ist LeiterIn einer Aufstellung, sobald sie/er ihrem/seinem Hilfsimpuls durch Worte oder Handlung Ausdruck verleiht. Das Festhalten, das Loslassen der Leitung und der Rückzug sind weitere Impulse.　　　　　　　　　　　　　　　　　　　　　　S. 65

Regel 10:
Haben mehrere Personen den Wunsch nach einer Aufstellung, kann ausgelost werden, wer beginnt.　　　　　　　　　　　　　　　S. 72

Regel 11:
Jede(r) hat die Wahl, ob und wie sie/er ihr/sein Anliegen erläutert. Es besteht auch die Möglichkeit, es vollständig zu verschweigen oder es erst später während der Aufstellung zu erklären.　　　　　S. 75

Regel 12:
Jede(r) hat die Wahl, ob sie/er mit einer Person ein Gespräch über sein Anliegen beginnt. Geht ihr/ihm das Gespräch zu weit, kann sie/er es jederzeit beenden.　　　　　　　　　　　　　　　S. 75

Regel 13:
Die aufstellende Person entscheidet, auf welche Weise die StellvertreterInnen für ihre Aufstellung ausgewählt werden.　　　　　S. 78

Regel 14:
Die aufstellende Person kann entscheiden, wo und auf welche Weise die StellvertreterInnen im Raum platziert werden oder ob sie sich selbst einen Platz suchen. S. 78

Regel 15:
Weil die Aufstellung einer Person ihre eigene ist, entscheidet sie selbst, wie mit ihr umgegangen wird. S. 81

Regel 16:
Auf Wunsch der aufstellenden Person kann die gesamte Gruppe Veränderungsvorschläge einbringen und spontan leiten. Die aufstellende Person entscheidet immer wieder neu, ob sie die Vorschläge verwenden möchte oder nicht. S. 88

Regel 17:
Die aufstellende Person kann zu jedem Zeitpunkt neu entscheiden, ob und auf welche Weise sie die Aufstellung kennenlernen und direkter erspüren möchte. S. 90

Regel 18:
Die aufstellende Person entscheidet, wann ihre Aufstellung beendet ist. Die/der gastgebende OrganisatorIn kann sie jedoch aus Zeitgründen früher beenden. S. 91

Regel 19:
Wenn jemand als StellvertreterIn ausgewählt wird und zweifelt, ob sie/er es tun soll oder kann, ist es wichtig, auch diesen Zweifel auszudrücken. S. 103

Regel 20:
Wer als gewählte(r) StellvertreterIn diese Rolle eher nicht übernehmen möchte, kann sagen: „Nein, ich stehe im Moment nicht zur Verfügung." S. 103

Regel 21:
Nimmt man eine Stellvertreterrolle an, so trägt man auch die Folgen, die aus dieser Entscheidung entstehen. S. 104

Regel 22:
Jede(r) StellvertreterIn entscheidet, wann sie/er ihre/seine Rolle wieder abgibt und sich daraus zurückzieht. S. 104

Regel 23:
Bleiben wir auch nach einer Aufstellung gefühlsmäßig und gedanklich mit einer Rolle verbunden, dann kann sie (ab diesem Zeitpunkt) als Wahlmöglichkeit zu unserem Verhaltensrepertoire gehören. Wir haben die Möglichkeit, sie in unser Leben zu integrieren. S. 107

Regel 24:
Auch die/der gastgebende OrganisatorIn kann Rollen als StellvertreterIn annehmen. S. 114

Regel 25:
Um eine Rollendynamik genauer kennenzulernen, können StellvertreterInnen in rascher Folge ausgewechselt werden. S. 115

Regel 26:
Hat die aufstellende Person als ChefIn ihrer Aufstellung erlaubt, dass alle ihren Impulsen folgen dürfen, dann kann jede(r) ZuschauerIn, die/der Gefühle und Impulse durch die Aufstellung erhält, diese mitteilen. Fühlt sie/er sich auf irgendeine Art und Weise beteiligt, so gehört sie/er bereits zur Aufstellung. S. 117

Regel 27:
Setzt die aufstellende Person keine Grenzen, dann ist während ihrer Aufstellung für die TeilnehmerInnen alles möglich: kommen, gehen, sich beteiligen, sich einmischen, sich zurückziehen. Jede(r) sorgt für sich selbst. S. 118

Regel 28:
Widerstand und Trotz in den StellvertreterInnen und ZuschauerInnen gegenüber LeiterInnen oder OrganisatorInnen können auch dazugehören und einen Spiegel bieten.   S. 119

Regel 29:
Setzt die aufstellende Person keine Grenzen, dann erhalten alle Arten von Weinen und Lachen den Raum, den sie brauchen.   S. 119

Regel 30:
Aggressionen sollten angekündigt und nur ausgelebt werden, wenn alle damit einverstanden sind.   S. 121

Regel 31:
Mit Achtung können wir andere so lassen, wie sie sind. Gleichzeitig können wir den Platz finden, der uns selbst guttut.   S. 124

Regel 32:
Das eigene Gefühl und der eigene Verstand schützen uns selbst am besten. Genau dazu sind sie da.   S. 125

Ausbildung für Freie Systemische Aufstellungen

„Drei auf einen Streich" - eine Ausbildung mit drei Zielen:

✓ Ausbildung darin, eigenverantwortlich und effektiv mit seinen eigenen Systemaufstellungen umzugehen (Selbstorganisation)

✓ Ausbildung im Organisieren von Freien Systemischen Aufstellungen (Abschluss: **„Organisator*in für Freie Systemische Aufstellungen"**)

✓ Ausbildung im Ausbilden von Organisator*innen (Abschluss: **„Ausbilder*in im Organisieren von Freien Systemischen Aufstellungen"**)

An drei Wochenenden bilden sich die Teilnehmer*innen darin aus, eigenverantwortlich, selbstständig und effektiv das Phänomen der „Resonierenden Empfindungen" zu nutzen, eine eigene Systemaufstellung mithilfe einer Gruppe oder für sich allein frei anzuwenden, mit ihr frei umzugehen und das Beste aus ihr herauszuholen.

Gleichzeitig bilden sich die Teilnehmer*innen zur/zum Organisator*in für Freie Systemische Aufstellungen aus. Das bedeutet: Die Teilnehmer*innen können nach der Ausbildung selbst die Freien Systemischen Aufstellungen organisieren. Sie können in einer Veranstaltung anderen interessierten Menschen Freie Systemaufstellungen anbieten und sie darin einführen, wie man effektiv seine eigene Aufstellung nutzen und das Beste aus ihr herausholen kann.

Ebenso befähigen sich die Teilnehmer*innen dieser Ausbildung dazu (und erhalten die Erlaubnis), selbst diese „Ausbildung für Freie Systemische Aufstellungen" anzubieten.

Für die Teilnahme gibt es keine Voraussetzung. Auch wer Aufstellungen noch nicht erlebt hat, darf an dieser Ausbildung eigenverantwortlich teilnehmen.

Ausbilder*in: Jacqueline & Olaf Jacobsen

Weitere Informationen: www.freie-systemische-aufstellungen.academy
Veranstaltungen: www.freiesaufstellen.net

Empathisches NeuroSonanz-Coaching

Olaf Jacobsen stellt ein Coaching für alle möglichen Fragen und Themen zur Verfügung, in welchem er u. a. folgende Werkzeuge anbietet:

✓ Lösende Imaginationen und Techniken im einfühlsamen Gespräch

✓ Findungsprozesse mithilfe von Einzelaufstellungen

✓ Befreiende Realitätsbrille mithilfe des NeuroSonanz®-Modells

Ein Coaching ist wie folgt erlebbar:

✓ am Telefon

✓ in einer Video-Konferenz über das Internet (z. B. über zoom.com)

✓ in einem Direktkontakt vor Ort (Karlsruhe, Köln)

Weitere Infos: www.in-resonanz.net/Olaf-Jacobsen_Beratungen.html
Einen Termin buchen Sie per E-Mail: olaf-jacobsen@in-resonanz.net

Über den Autor

Olaf Jacobsen ist ein deutscher Empathie-Spezialist und Autor. Er gilt als Pionier der klientenzentrierten Systemaufstellung. 2003 entwickelte er die Freie Systemische Aufstellung, erfand 2014 das NeuroSonanz®-Modell und leitet die von ihm begründete Empathie-Schule NeuroSonanz® in Karlsruhe und in Köln.

Geboren am 11. Juni 1967 in Neumünster, Studium in Karlsruhe an der Staatlichen Hochschule für Musik und Universität (Musik und Mathematik), Dirigent, Pianist, Tenor, Musikpädagoge, intensives Studium und Erforschung eigener Gefühle, Empathie-Coach, Systemischer und Psychologischer Coach, Unternehmensberater im Bereich "Kommunikation & Gefühle", Experte für Resonierende Empfindungen, Bestseller-Autor.

Infos & Kontakt unter www.olafjacobsen.com

Ausführlicher Lebenslauf unter:
https://www.in-resonanz.net/Olaf-Jacobsen_Lebenslauf.html

Veröffentlichungen von Olaf Jacobsen

Leseproben und Bestellungen (ohne Versandkosten, per Rechnung)
unter www.olaf-jacobsen-verlag.de

Trilogie „Basis-Erkenntnisse":

So, jetzt ist aber genug! Die Geburt einer Weltformel (1996, aktualisierte Neuauflage 2014, E-Book 2019)

Bewegungen in neue Gleichgewichte. Bewegende Sichtweisen für unseren Alltag (2000, aktualisierte Neuauflage 2014, E-Book 2019)

Die Vollkommenheit des Universums. (Das) Nichts ist All-ein, Alles ist in Resonanz (2001, aktualisierte Neuauflage 2014, E-Book 2019)

Trilogie „Freie Systemaufstellung":

Das freie Aufstellen - Gruppendynamik als Spiegel der Seele. Eine Einführung in eine freie Form der Systemischen Aufstellungen (2003, E-Book 2019, aktualisierte Neuauflage 2021)

Freie Systemaufstellung: Das fühlt sich richtig gut an! Gefühle erforschen, Klarheit gewinnen und den Alltag befreit leben (2012, E-Book 2019, aktualisierte Neuauflage 2021)

Ich stelle selbst auf. Wie Sie Ihre Selbstheilungskräfte durch Freies Aufstellen aktivieren (2011, E-Book 2019, aktualisierte Neuauflage 2021)

Impulskarten für Freie Systemische Aufstellungen. Wenn Sie in Ihrer Aufstellung nicht mehr weiterwissen (2012/2021)

Trilogie „Ich stehe nicht mehr zur Verfügung":

Ich stehe nicht mehr zur Verfügung. Wie Sie sich von belastenden Gefühlen befreien und Beziehungen völlig neu erleben (2006, E-Book 2021, aktualisierte Neuauflage 2021)

Ich stehe nicht mehr zur Verfügung 2. Die Kritik von anderen hat nichts mit mir zu tun (2010, E-Book 2020, aktualisierte Neuauflage 2021)

Hilfe! Ich stehe *unbewusst* zur Verfügung Unbewusste Beeinflussungen aufdecken – für ein unabhängiges Leben (2016/2021, E-Book 2019)

Stehe ich zur Verfügung? Das Kartenset für jede Situation (2021, E-Book 2020)

Ich stehe nicht mehr zur Verfügung – Die Essenz (CD). Wie Sie sich von belastenden Gefühlen befreien und Beziehungen völlig neu erleben, Hörbuch zu Band 1 (2009), Restexemplare beim www.olaf-jacobsen-verlag.de erhältlich

Drei Bücher „Selbstreflexion & Empathie":

Der lebendige Spiegel im Menschen. In Resonanz lernen – lösen – leben – lieben (Jacqueline & Olaf, 2014, E-Book 2019, Neuauflage 2021)

Meine Eltern sind schuld! Was unsere Eltern falsch gemacht haben und immer noch falsch machen (2014, E-Book 2019, Neuauflage 2021)

Die Kriegs-Trance und das Mitgefühl Warum wir fast alle betroffen sind und wie wir daraus aufwachen (2015, E-Book 2019, Neuauflage 2021)

Drei Bücher „Werkzeuge für Potenzialentfaltung":

Der Mann, der sich glücklich weinte Tränen befreien das Gehirn, das Menschsein und die Gesellschaft (PDF-eBook 2019, erweiterte Neuauflage 2021)

Das Handbuch der resonierenden Empfindungen Wie wir mit Gefühlen umgehen können, die in Verbindung zu unserem Umfeld stehen (2022)

Das NeuroSonanz-Modell Die vollständige Erklärung unseres Menschseins (PDF-eBook 2019)

Wie wird das Ziel erreicht? Das E-Kartenset rund um Ziele, Wünsche, Bedürfnisse (E-Book 2020)

Olafs komplette Werkzeugkiste Das umfassende E-Kartenset (beinhaltet alle anderen Kartensets und noch mehr, über 400 Karten, **nur als PDF-Datei**, 2020) – nur beim www.olaf-jacobsen-verlag.de erhältlich

Weitere Schriftwerke:

Das trifft sich gut Ein Schlaganfall, seine dramatischen Folgen und wie er zum wundervollen Geschenk wurde (Jacqueline & Olaf, Autobiographie 2018, E-Book 2019)

HauptRolle Es geht immer um das stimmigste Rollengefühl (E-Book als PDF-Datei, 2019) – *kostenfrei* auf www.olaf-jacobsen-verlag.de

Wie wir uns ändern und die Erde retten Wir haben bereits alles Wissen – nur die Umsetzung fehlt noch (E-Book als PDF-Datei, 2019) – *kostenfrei* auf www.olaf-jacobsen-verlag.de

Literatur

Baitinger, Heidi:

„Das Auslösen eines psychotischen Zustandes durch eine Familienaufstellung und seine Auflösung durch psychotherapeutische und klassisch-homöopathische Hilfe." In: Weber, Gunthard (Hg.): Praxis des Familien-Stellens. Heidelberg 1998

Franke-Gricksch, Marianne:

„Du gehörst zu uns!" – Systemische Einblicke und Lösungen für Lehrer, Schüler und Eltern. Heidelberg 2001

Hellinger, Bert:

Ordnungen der Liebe – Ein Kurs-Buch. Heidelberg 1994

Jacobsen, Olaf:

„Die Konsequenzen eines jungen Aufstellungsleiters" In: Praxis der Systemaufstellung. München Ausgabe 2002/2

Krieger, Susann:

Rechtskunde für Heilpraktiker – Wissen für Prüfung und tägliche Praxis. Stuttgart 2001

Lao Tse:

Tao Te King, Bearbeitung von Gia-Fu Feng u. Jane English. München 1994

Maturana, Humberto R. und Pörksen, Bernhard:

Vom Sein zum Tun – Die Ursprünge der Biologie des Erkennens. Heidelberg 2002

Sheldrake, Rupert:

Der siebte Sinn der Tiere – Warum Ihre Katze weiß, wann Sie nach Hause kommen, und andere bisher unerklärte Fähigkeiten der Tiere. Bern/München/Wien 1999

Sheldrake, Rupert:

Der siebte Sinn des Menschen – Gedankenübertragung, Vorahnungen und andere unerklärliche Fähigkeiten. Bern 2003

Varga von Kibéd, Matthias und Sparrer, Insa:

Ganz im Gegenteil – Tetralemmaarbeit und andere Grundformen Systemischer Strukturaufstellungen – für Querdenker und solche, die es werden wollen. Heidelberg 2000

Sich gegenseitig unterstützen, um sich weiterzuentwickeln

In der Neurobiologie weiß man, dass unser Gehirn die Realität in sich selbst konstruiert. In den Systemischen Aufstellungen werden im zwischenmenschlichen Bereich „Resonierende Empfindungen" erlebt. Jacqueline und Olaf Jacobsen entwickeln daraus ein einzigartiges Menschenbild – und nutzen es für ihre Beziehung. In diesem atemberaubenden Pionier-Buch beschreiben sie ihre heilenden Sichtweisen, Umgangsformen und Methoden, die auf alle Arten von Beziehungen übertragbar sind und Augen öffnen.

Die Scheidungsquote in Deutschland ist hoch. Viele Partnerschaften zerbrechen. Auch Jacqueline und Olaf hatten sich nach fünf anstrengenden Beziehungsjahren im Jahr 2009 getrennt. Beide nahmen dieses Schicksal als Spiegel, zur Selbstreflexion. Knapp zwei Jahre später beobachteten sie, dass sie sich wieder näherkommen – fast automatisch. Es folgte die Verlobung und 2012 die Hochzeit. Heute sagen sie begeistert: „Die Annäherung hört einfach nicht auf! Wir reflektieren viel – und unsere Ehe wird immer liebevoller, offener, herzlicher, kuscheliger und freier!"

Sie schildern mit ergreifenden Beispielen, wie man allein oder zu zweit Spiegel-Methoden anwenden kann, um sich im Leben immer harmonischer und stimmiger zu fühlen – auch im Job.

„Wir erleben mehr Selbstvertrauen, Offenheit, innere Stärke und einen klaren Überblick. In unseren Gefühlen entfalten sich sowohl fundamentale Selbstliebe als auch eine tiefe empathische Liebe zum Gegenüber."

Jacqueline Jacobsen, Olaf Jacobsen: „Der lebendige Spiegel im Menschen"
324 Seiten, Broschur, ISBN 978-3-936116-04-5
Leseprobe: www.olaf-jacobsen-verlag.de, bestellung@in-resonanz.net

Wie aufrichtiges Mitgefühl
Schmerz schmelzen lässt

Neurobiologe Dr. Gerald Hüther im Austausch mit Olaf Jacobsen: „Ihr Buch ist wirklich ausgezeichnet. Allerdings verrät der Titel nicht, was für ein Schatz sich dahinter verbirgt: eine sehr saubere und überzeugende Beschreibung unseres gegenwärtigen Zustandes und unserer vorherrschenden Beziehungskultur und eine konstruktive Beschreibung eines – und wie ich denke einzigen – Ausweges."

Olaf Jacobsen vertritt die These, dass unsere Zivilisation seit Jahrtausenden unter einer bestimmten Krankheit leidet. Er nennt diese Krankheit „Kriegs-Trance". Eine Kriegs-Trance entsteht, wenn ein Soldat im Krieg sein Mitgefühl für sein Gegenüber abstellt, um den anderen erschießen zu können.

Auf unsere Gesellschaft übertragen: Bevor ein Mensch einen anderen Menschen verletzt, hat er unbewusst sein Mitgefühl abgestellt. Dadurch befindet er sich in einer Kriegs-Trance, aus der er handelt. Dieser Trance-Zustand wird von Generation zu Generation durch die Erziehung weitergegeben und durch Unwissenheit aufrechterhalten.

In der Neurowissenschaft wird immer deutlicher, dass der Mensch von Grund auf ein mitfühlendes, offenes und empathisches Wesen ist. Wir sehen dies bei freien Kindern. Wie kommt es dann zu Kriegs-Trancen? Wieso stellen wir unser Mitgefühl zueinander ab? Wie können sich Krieg und Terrorismus entfalten?

Dieses Buch liefert erstmalig schlüssige, tiefgehende und aufrüttelnde Antworten. Zusätzlich zeigt es, wie wir aus Kriegs-Trance-Zuständen aufwachen, uns von verletzenden Denk- und Verhaltensmustern befreien und wieder Zugang zu unserem ursprünglich authentischen Wesen erhalten: zum selbstbestimmten, kreativen, mitfühlenden und empathischen Menschsein.

Olaf Jacobsen: „Die Kriegs-Trance und das Mitgefühl"
250 Seiten, Broschur, ISBN 978-3-936116-00-7
Leseprobe: www.olaf-jacobsen-verlag.de, bestellung@in-resonanz.net

Konzentrierte Erfahrungen, Erkenntnisse, Weisheiten, Anleitungen, Antworten …
- alles in einer PDF-Datei

Olaf hat aus all seinen Büchern als auch aus seinen Erkenntnissen im Alltag, im Coaching und in Systemaufstellungen dieses E-Kartenset zusammengestellt. Auf jeder einzelnen Karte findest du ein in sich abgerundetes Thema, einfach auf den Punkt gebracht. Wie du bei einer Frage oder bei einem Problem die richtige Karte findest, ist gleich zu Beginn beschrieben. Alle Kartensets von Olaf sind hier enthalten. Dieses besondere E-Kartenset kannst du nur als PDF-Datei direkt vom Olaf Jacobsen Verlag per E-Mail zugeschickt bekommen.
Gefällt es dir nicht, erhältst du dein Geld zurück.

Olaf Jacobsen: „Olafs komplette Werkzeugkiste"
über **400** Karten, PDF-Datei, ISBN 978-3-936116-17-5
Leseprobe: www.olaf-jacobsen-verlag.de, bestellung@in-resonanz.net

Das Kartenset zum Buch

Wenn Sie in Ihrer Aufstellung nicht mehr weiterwissen …

52 Karten mit mehr als 120 Begriffen führen jede freie Aufstellung zum Happy End.

Olaf Jacobsen
Impulskarten für Freie Systemische Aufstellungen
Format: 59 x 91 mm
60 handliche Karten in einer stabilen Plastik-Stülpschachtel
(52 Motivkarten, 3 Anleitungskarten, 5 Leerkarten zum Beschriften)
ISBN 978-3-936116-64-9
Olaf Jacobsen Verlag: bestellung@in-resonanz.net